D1494289

Trois prières

DU MÊME AUTEUR

Transfigurer le temps, notes sur le temps à la lumière de la tradition orthodoxe, Paris-Neuchâtel, Delachaux & Niestlé, 1959.

Byzance et le Christianisme, coll. « Mythes et Religions », n° 49, Paris, Presses Universitaires de France, 1964.

L'essor du christianisme oriental, coll. « Mythes et Religions », n° 59, Paris, Presses Universitaires de France, 1964.

Dionysos et le Ressuscité, dans *Évangile et Révolution,* Paris, Centurion, 1968.

Dialogues avec le Patriarche Athénagoras, Paris, Fayard, 2ᵉ éd. augmentée, 1976.

Question sur l'homme, Paris, Stock, 1972.

L'Esprit de Soljénitsyne, Paris, Stock, 1974.

La liberté du Christ (avec Guy Riobé), Paris, Stock-Cerf, 1974.

L'Autre Soleil, essai d'autobiographie spirituelle, Paris, Stock, 1975.

Le Christ, Terre des vivants, Essais théologiques, Bellefontaine, 1975.

La « Prière du cœur », Bellefontaine, 1977.

Le visage intérieur, Paris, Stock, 1978.

La Révolte de l'Esprit (avec Stanislas Rougier), Paris, Stock, 1979.

Sources, les mystiques chrétiens des origines, Paris, Stock, 1982.

Le Chant des larmes, essai sur le repentir (avec essai de traduction du « Poème sur le repentir », de saint André de Crète), Paris, Desclée de Brouwer, 1983.

Deux témoins, Vladimir Lossky et Paul Evdokimov, Genève, Labor et Fides, 1985.

Les Visionnaires, essai sur le dépassement du nihilisme, Paris, Desclée de Brouwer, 1986.

Un respect têtu, islam et christianisme (avec Mohamed Talbi), Paris, Nouvelle Cité, 1989.

Anachroniques, Paris, Desclée de Brouwer, 1990.

L'Altra Pace, dans *La pace come metodo...,* Milan, Jaca Book, 1991.

L'Église orthodoxe, coll. « Que sais-je ? », Presses Universitaires de France, 4ᵉ éd. mise à jour, Paris, 1991.

Le Christ du Credo, in *Le fait religieux,* Fayard, 1993.

Olivier Clément

Trois prières

Le Notre Père
La prière au Saint-Esprit
La prière de saint Ephrem

« prières »

DESCLÉE DE BROUWER

© Desclée de Brouwer, 1993
76 *bis*, rue des Saints-Pères, 75007 Paris
ISBN : 2-220-03444-5

Avertissement

Le titre de ce petit livre doit être expliqué.

De moi-même, je n'aurais jamais osé commenter ces textes simples et fondamentaux : le Notre Père, la prière au Saint-Esprit (« Roi Céleste, Consolateur... »), la prière pénitentielle de saint Ephrem. Le premier, infiniment précieux pour tous les chrétiens, les deux autres relevant de ce patrimoine de l'Église indivise que l'Orthodoxie préserve et offre à tous. Je n'ai ni les connaissances « techniques » ni la qualification spirituelle pour réaliser un tel commentaire.

Simplement, je ne me suis pas dérobé à des demandes précises, instantes, avec le désir de servir, si obsolète qu'apparaisse ce dernier terme. J'ai réfléchi sur le Notre Père pour un congrès de jeunesse orthodoxe, et ce texte a été publié par l'hebdomadaire France-Catholique *que je remercie de m'autoriser à le reprendre ici. J'ai présenté la prière au Saint-Esprit à la demande de mon ami, le Père Nicolas Ozoline, pour une émission de télévision orthodoxe diffusée le jour même de la Pentecôte. Quant à la prière de saint Ephrem, j'ai commencé à la commenter à l'occasion d'une causerie qu'il m'a fallu faire dans un monastère trappiste.*

Ces prières, je les « ruminais » depuis longtemps. J'ai continué de le faire, je les ai donc retravaillées (presque entièrement pour les deux dernières) et sérieusement augmentées.

Le Notre Père est la prière que le Christ lui-même a enseignée à ses disciples et que l'Église nous a transmise. Elle invoque d'abord, disent les Pères (je pense en particulier au magnifique commentaire de saint Maxime le Confesseur), les Trois personnes divines et leur commune volonté, puis les attitudes nécessaires à l'homme pour entrer dans les espaces trinitaires, usage eucharistique du temps, liberté cherchée dans la grâce et le respect désintéressé de l'autre, refus de l'ultime apostasie, participation à la victoire du Christ sur l'enfer et la mort.

L'Esprit nous donne le Christ qui, à son tour, nous donne l'Esprit. Celui-ci, nous le recevons, « pour la vie du monde », dans le corps ecclésial du Ressuscité qui arrache tous les hommes au néant. La prière à l'Esprit Saint nous ouvre à ce souffle de vie, de communion, de liberté.

Mais rien de durable ne peut s'acquérir – la vie chrétienne, disait saint Séraphin de Sarov, consiste dans « l'acquisition du Saint-Esprit » – sans une ascèse de confiance et d'humilité. La prière pénitentielle (« métanique ») de saint Ephrem, qu'on surnommait, au IVe siècle, « la harpe du Saint-Esprit », nous montre à la fois les obstacles et le chemin pour parvenir au rare et difficile « amour » qui est la « synthèse de toutes les vertus ».

Bien entendu, je n'ai pu écrire que des textes du seuil. Peut-être, et c'est ma propre prière, aideront-ils quelques-uns à entrer.

Olivier Clément

Notre Père

Le Notre Père est la prière que Jésus a transmise à ses disciples, et que l'Église, à son tour, nous transmet. Elle nous fait entrer ainsi dans la prière de Jésus, qui constituait son être même. Car il faut bien comprendre que toute la richesse liturgique de l'Église, tout son patrimoine ascétique et spirituel, ne sont rien d'autre que la symbolique et l'instrument de notre rencontre avec le Christ et de notre vie en Christ. L'Église ne nous arrête pas à elle-même, elle nous mène au Christ. Et le Christ ne nous arrête pas à lui-même, dans l'Esprit-Saint il nous mène au Père.

Il existe dans les évangiles, deux versions du Notre Père, celle de Luc (11, 2-4) et celle de Matthieu (6, 9-13). Dès les premiers temps de l'Église, c'est la version de Matthieu, plus longue et déjà liturgique, qui fut retenue.

Les deux premières demandes du Notre Père se retrouvent dans le *Qaddich* juif, qui conclut le service de la Synagogue et devait être familier à Jésus. Enraciné dans une histoire précise – celle du Premier Testament –, le Notre Père l'ouvre, la dépasse, l'accomplit.

Andréi Roublev, le Christ, début XVᵉ siècle Galerie Tretiakov, Moscou.

Le premier mot de la prière que Jésus nous enseigne et que nous disons, en quelque sorte, avec lui, en lui, dans son Esprit, c'est en effet, Père : *Pater hêmon* « Père de nous ». Arrêtons-nous d'abord au mot qui donc est vraiment le premier : « Père ». C'est un mot qui sonne étrangement pour l'homme d'aujourd'hui. L'homme d'aujourd'hui est orphelin. Il n'a pas de racine en dehors de l'espace-temps. Il se sent perdu dans un univers illimité, il descend du singe et va vers le néant.

On lui a dit que la paternité, dans la famille, ou, au sens figuré, dans la société, était absurde et « répressive », et elle l'est en effet si elle ne transmet pas un sens spirituel de la vie : tant de pères ne sont que des « géniteurs ».

On lui a dit que « Dieu le Père » était l'ennemi de sa liberté, une sorte d'espion céleste, un Père sadique, castrateur. Et il faut avouer que la chrétienté historique, en Orient comme en Occident, à telle ou telle époque, a vérifié passablement cette accusation.

Alors, beaucoup aujourd'hui vont vers les spiritualités asiatiques, un scientisme de l'intériorité, où le divin, impersonnel, fait plutôt songer à une immense matrice cosmique. Oui, nous sommes *orphelins*. L'inceste et l'homosexualité, ces deux signes de l'absence du père, hantent notre société. La mort du père s'inscrit dans la peur de l'autre.

C'est pourquoi aussi grandit étrangement aujourd'hui la nostalgie du père. Et l'Église nous apprend cette prière qui commence par ce mot : « Père ».

Ce père transcende la dualité sexuelle. Saint Jean nous parle du « sein du Père », toute la Bible évoque ses « entrailles de miséricorde », *rahamim,* au sens utérin : ce Père est matriciel, il « sent » ses enfants comme une mère « sent » les siens, de tout son être, de toute sa chair, avec ses entrailles.

Cependant : Père. L'aboutissement, tel que le suggère cette symbolique, n'est pas de résorption mais de communion, une communion libératrice, qui nous rend capables d'aller vers l'autre.

Ainsi : Père. Qu'est-ce que cela veut dire pour notre vie quotidienne ? Cela veut dire que jamais, jamais nous ne sommes orphelins, perdus, livrés aux forces et aux conditionnements de ce monde. Nous avons un *recours,* nous avons une *origine* hors de l'espace-temps. Cet univers apparemment illimité – mais le temps a commencé avec le « big-bang », mais l'espace est recourbé, contenu, dit Einstein –, cet univers a son lieu dans la parole, le souffle, l'amour du Père.

Les nébuleuses et les atomes – qui sont aussi des nébuleuses – aiment le Père impersonnellement, par leur existence même, mais nous, les hommes, nous pouvons l'aimer personnellement, lui répondre consciemment, exprimer sa parole cosmique : de sorte que chacun de nous, parce qu'il a ce lien personnel avec le Père, est plus noble et plus grand que le monde entier.

Les visages s'inscrivent au-delà des étoiles, dans l'amour du Père. Les moments apparemment éphémères de notre vie, chacun de ces instants où, comme dit le poète, « nous avons eu les veines pleines d'existence », s'inscrivent à jamais dans la mémoire aimante du Père.

Alors le nihilisme de notre époque est vaincu, l'angoisse, au fond de nous, peut se transformer en confiance, la haine en adhésion. Et voici ce qu'il faut sentir très fort, chaque jour, et je le dis plus particulièrement à ceux qui sont jeunes : il est bon de vivre, vivre est grâce, vivre est gloire, toute existence est bénédiction.

Il me semble que dans la littérature des peuples marqués par l'orthodoxie, même chez les écrivains qui ne sont pas pleinement croyants, comme le premier Tolstoï, ou les grands romanciers sibériens d'hier, ou ce Vassili Grossman dans son admirable *Vie et destin* –, on trouve ce sentiment de la bonté et de la beauté profondes des êtres et des choses, la grâce à la racine de tout, une paternité infiniment miséricordieuse animant tout. D'où la capacité merveilleuse, chez ces écrivains, de parler des enfants, de l'affection entre parents et enfants, ce qui est rare dans la littérature occidentale contemporaine...

Notre théologie, notre spiritualité savent bien qu'on ne peut emprisonner ce mystère de l'origine dans des mots, dans des concepts. Mais Jésus nous révèle que

cet abîme – dont parle aussi l'Inde – est un abîme
d'amour, un abîme paternel. Avec Jésus, en lui, dans
son souffle, nous osons balbutier : « *Abba,* Père », un
mot d'une infinie tendresse enfantine, d'une confiance
pleine de respect, et c'est là tout le paradoxe chrétien.
Or Jésus nous révèle que ce paradoxe, cette relation
paradoxale, n'existe pas seulement dans la relation du
Père avec la création, mais en Dieu même, dans le plus
absolu de l'absolu. En Dieu même, il y a l'origine sans
origine, et l'Autre filial, et le Souffle de vie et d'amour
qui repose sur l'Autre et le ramène à l'origine, et nous
en lui. En Dieu même la respiration de l'amour, ce
grand mystère d'unité et de différence. Et nous, à
l'image de Dieu, nous sommes entraînés dans ce
rythme.

Seulement, en Dieu, entre l'Origine et son Autre
filial, dans le Souffle unifiant, la réponse d'amour est
immédiate, la réciprocité d'amour est absolue. Tandis
que nous, nous avons besoin du temps, de l'espace,
d'une sorte d'obscurité pour aller à la fois vers la
Lumière, et les uns vers les autres. Souvent, nous
sommes l'enfant prodigue qui gaspille sa fortune avec
les prostituées, garde les cochons, aimerait ronger des
caroubes. Même alors cependant, nous savons que le
Père non seulement nous attend mais vient à notre
rencontre. Le monde n'est pas une prison mais un
passage obscur – passage où passer, passage à déchiffrer
dans un écrit plus ample –, et dans cet écrit tout a un
sens, chacun est important, chacun est nécessaire. Un
écrit que nous rédigeons avec Dieu.

Si tout est béni par le Père, il nous faut, à notre tour,

savoir le bénir en toutes choses. Nous devrions essayer de retrouver, de renouveler, de vivre intérieurement d'abord, toutes ces formules de bénédiction que l'Église nous enseigne et qui nous associent aux bénédictions, « bénéfactions » divines des premiers chapitres de la Genèse : « Et Dieu vit que cela était bon », *tob,* qui veut dire « bon et beau », la Septante traduit d'ailleurs *kalon,* « beau ». Maxime le Confesseur nous enseigne à faire, dans chaque regard attentif, contemplatif, sur les choses, une sorte d'expérience trinitaire : le fait même qu'une chose existe, repose dans l'être, nous renvoie au Père, « créateur du ciel et de la terre, de toutes choses visibles et invisibles... » (ainsi, d'ailleurs, chaque chose devient le *visible de l'invisible*) ; le fait que nous puissions la comprendre, déceler en elle et concevoir à partir d'elle une structure prodigieusement « intelligente » nous renvoie au Fils, Verbe, Sagesse et Raison du Père ; le fait que la chose soit belle, s'insère dynamiquement dans un ordre, tende vers une plénitude, nous renvoie à l'Esprit, au Souffle vivifiant, dont Serge Boulgakov disait qu'il est la personnification de la beauté. Apprenons à déchiffrer ainsi dans les choses la Paternité de Dieu, le Père « avec ses deux mains », le Verbe et l'Esprit, comme disait saint Irénée de Lyon, le Père avec sa Sagesse et sa Beauté.

Toutefois, l'expérience trinitaire la plus fondamentale s'inscrit dans le *hémon* qui suit le *Pater,* dans le deuxième mot du *Notre Père* : « Père – *de nous.* »

De ce « nous », je voudrais retenir deux choses.

La première, c'est que nous devons apprendre à

déceler le *mystère de Dieu sur le visage du prochain.*
L'horreur de l'histoire, particulièrement en notre siècle, c'est que l'homme, ici ou là, s'arroge un pouvoir
absolu sur l'homme. Les idéologies prétendent expliquer l'homme, le réduire à la race, à la classe, à l'ethnie,
à la religion, à la culture. Et les idéologues, « ceux qui
savent », se sentent donc justifiés, pour le bien de
l'humanité, disent-ils, à manipuler, conditionner, emprisonner, torturer et tuer les hommes. Aboutissement,
peut-être, de toute une pensée moderne comme volonté de saisie (c'est le sens même du mot *Begriff,* qui
signifie « concept » en allemand).

Là contre, nous devons comprendre que l'autre,
quel qu'il soit, même si c'est un publicain, une prosti-
tuée, un Samaritain, dit Jésus (et il ne serait pas difficile
de traduire !), l'autre, tout autre, est l'image de Dieu,
l'enfant du Père, aussi inexplicable, aussi « inconcep-
tualisable » que Dieu lui-même. Sans meilleure définition que d'être indéfinissable. Apprenons à ne plus
maudire, apprenons à ne plus mépriser : « Il n'y a pas
d'autre vertu que de ne pas mépriser », disait un Père
du désert. L'autre est visage, tout entier visage. Et
devant un visage, je n'ai aucun pouvoir. Je peux
seulement, puisque ce visage est aussi parole, tenter de
répondre, devenir responsable. Cela vaut pour les
rapports d'amour, d'amitié, de collaboration, cela vaut
dans la famille comme dans la société, dans nos relations avec les autres chrétiens comme dans la vie
politique. Rappelez-vous : ne pas mépriser !

L'autre chose que je voudrais souligner et qui,
d'ailleurs, est inséparable de la première, c'est la

relation entre l'Église et l'humanité : « Père – de nous » ; ce « nous » est-il seulement l'Église où nous sommes tous « membres les uns des autres » : un seul corps, un seul être en Christ, et chacun rencontrant personnellement Jésus, chacun illuminé par une flamme unique de la Pentecôte. Mais le Verbe, dit le prologue de Jean, « est la vraie lumière qui éclaire tout homme venant dans le monde ». On traduit aussi : « ... qui, venant dans le monde, éclaire tout homme ». Le Verbe, en s'incarnant, a pris en lui toute l'humanité, tous les hommes, de tous les lieux et de tous les temps. En ressuscitant, il a ressuscité tous les hommes.

L'Église, ce sont ceux, nombreux ou peu nombreux, qu'importe, qui découvrent tout cela, qui entrent lucidement dans cette lumière, et qui remercient. Pour tous. L'Église, c'est le « sacerdoce royal », la « nation sainte » mise à part pour prier, témoigner, travailler pour le salut de tous les hommes. Nous savons où est le cœur de l'Église : dans l'Évangile, dans l'Eucharistie. Mais nous ignorons les limites de son rayonnement, puisque l'Eucharistie est offerte « pour la vie du monde ».

Il n'y a pas un brin d'herbe qui ne pousse dans l'Église, pas une constellation qui ne gravite en elle, autour de l'arbre de la croix, nouvel arbre de vie, axe du monde. Il n'y a pas un seul homme qui n'ait une relation mystérieuse avec le Père qui le crée, avec le Christ, « homme-maximum », avec le Souffle qui anime toute vie. Il n'y a pas un seul homme qui n'ait une aspiration à la bonté, un tressaillement devant la beauté, un pressentiment du mystère devant l'amour et devant la mort.

Beaucoup, inondés de joie, au jour du jugement, diront : « Seigneur, quand nous est-il arrivé de te voir affamé et de te nourrir... étranger et de t'accueillir, sans vêtement et de te vêtir ? Quand nous est-il arrivé de te voir malade ou en prison, et de venir à toi ? » Et ils s'entendront répondre : « En vérité, je vous le dis, chaque fois que vous l'avez fait à l'un de ces petits, qui sont mes frères, c'est à moi que vous l'avez fait ! » Et nous, le faisons-nous ?

Alors dans notre vie quotidienne, ne faisons pas de l'Église une secte, ou un ghetto. Sachons déceler partout les germes de vie. Sachons les accueillir dans notre intelligence et notre amour, les engranger dans la prière, dans l'Église.

« Notre Père, celui dans les cieux »

Les « cieux », ici, évoquent le caractère inaccessible, abyssal, du Père, un Dieu au-delà de Dieu, *hyperthéos* dit Denys l'Aréopagite. On l'approche en sondant son absence, c'est la théologie négative dont je parlais tout à l'heure : l'intelligence mesure ses propres limites en entendant gronder, toujours plus loin, l'océan divin.

Puis vient le moment où cesse toute activité mentale, où l'homme se recueille et se tait, devient pure attente. Dans notre vie quotidienne, il faut qu'il y ait ainsi des instants de saisissement silencieux. Les Pères parlent par exemple du saisissement qui s'empare de l'homme lorsque, parvenu au bord d'une haute falaise, la mer vertigineuse s'ouvre devant lui.

Il faut savoir parfois s'arrêter et écouter le silence, savourer le silence, s'étonner, se faire comme une coupe. Ce peut être un moment de calme dans la maison, une pièce où l'on se trouve seul, une église ouverte dans une grande ville, une promenade dans la forêt. Ce peut être, dans l'Évangile qu'il faut essayer de lire chaque jour, dans un psaume, dans un texte spirituel, une parole qui touche le cœur, qui nous transperce : alors on ne va pas plus loin, on s'arrête, attente silencieuse, parfois comblée...

Mais pourquoi est-ce justement le *ciel* qui sert de symbole à la transcendance ? Sans doute parce que l'azur profond – particulièrement dans les pays méditerranéens – est à la fois au-delà de nos prises et partout présent, enveloppant tout, pénétrant tout de sa lumière. Dans les langues archaïques, c'est le mot signifiant le « ciel brillant » qui désigne la divinité.

Il faut savoir regarder l'azur, se laisser envahir par lui, se laisser nettoyer par lui, jusqu'aux os de l'âme pour ainsi dire. Pourquoi tant de jeunes, qui ne vont jamais à l'église, escaladent les montagnes, ces hauts lieux, sinon pour entrer, en quelque sorte, dans l'azur ? Pourquoi vont-ils vers les mers méridionales où l'eau et le ciel se confondent dans une sphère de plénitude, une sphère d'azur ?

« Elle est retrouvée. Quoi ? L'éternité. C'est la mer mêlée au soleil. »

Pourtant, la bouleversante révolution des temps modernes fut la découverte du ciel vide et illimité, où ni Dieu ni l'homme ne semblent plus avoir de place. Le ciel jubilant des Psaumes et du livre de Job est devenu une absence noire. L'insensé de Nietzsche cherche en vain Dieu dans un monde où la terre dérive dérisoirement, où il n'y a plus ni haut ni bas, où il fait de plus en plus froid. Alors l'émotion que donne l'azur brillant risque de n'être qu'un divertissement de vacances. C'est ailleurs qu'il faut retrouver le ciel divin.

Ailleurs ? Dans le « cœur », disent nos ascètes. Dans ce centre le plus central, dans cette profondeur la plus profonde où tout notre être se rassemble et s'ouvre sur un abîme de lumière : *l'azur intérieur,* couleur de saphir, notait Évagre le Pontique.

Une de nos tâches quotidiennes, c'est justement

d'éveiller en nous les forces du cœur profond. Nous vivons généralement dans notre tête et dans notre sexe, le cœur éteint. Or lui seul peut être le creuset où se métamorphosent l'intelligence et le désir, et même si nous n'arrivons pas jusqu'à l'abîme de lumière, des étincelles peuvent en jaillir, un tressaillement immense et doux brûle notre cœur.

Il faut retrouver le sens de cette émotion non émotionnelle, de ce sentiment non sentimental, de cette mise en vibration paisible et bouleversante de tout l'être, quand les yeux s'emplissent de larmes d'émerveillement et de gratitude, tendresse ontologique, silence comblé, disais-je tout à l'heure. Ce n'est pas seulement l'affaire des moines, c'est humblement, partiellement, l'affaire de tous, et j'ajouterais que c'est aussi un problème de *culture*.

Dans *Le Pavillon des cancéreux,* de Soljenitsyne, une jeune femme, responsable d'un service dans un hôpital, demande à son maître, le « vieux docteur », d'où viennent à celui-ci sa capacité de sympathie et, indissociablement, la sûreté de son diagnostic. Il lui répond que longtemps il a été approfondi, éclairé par l'amour d'une femme, et l'amour en effet, s'il est la grâce si rare de savoir qu'un autre existe, peut lézarder le « cœur de pierre » et le transformer en « cœur de chair ».

Mais, ajoute le « vieux docteur », il y a des années que cette femme est morte. Désormais il lui faut, à certains moments, se retirer, s'enfermer, faire en lui le silence, laisser son cœur s'apaiser jusqu'à ce qu'il devienne comme un lac immobile sur lequel se reflètent la lune et les étoiles. Le silence et la paix permettent la visitation du Père « qui est au cieux » et sur le miroir du cœur ainsi visité s'inscrit la vérité des êtres et des choses.

Et c'est aussi une question de culture. Nous avons besoin de musique, de poèmes, de romans, de chansons, de tout un art capable d'être aussi un art populaire, qui éveillent les forces du cœur.

Parfois, dans le métro, à Paris, une chanson des hautes terres d'Amérique latine me rattrape : elle suit la limite sinueuse de la mort et de l'amour. De la révolte et de la célébration.

Ou encore : la grande histoire d'amour de la littérature arabe est celle de Majnûn et de Laylâ. Majnûn, le fou, aime Laylâ – la nuit. Laylâ aime Majnûn mais ne livre pas son mystère et, sous la forme d'une gazelle, disparaît au désert. Majnûn est désormais voué à l'errance, – et au chant. Nous avons besoin du chant de Majnûn, nous avons besoin d'une beauté qui ne soit pas une beauté de possession, comme c'est si souvent le cas aujourd'hui, mais justement de dé-possession, et peut-être de communion, « la beauté qui crée toute communion », dit Denys l'Aréopagite.

Et saint Jean Climaque parle de « ces musiques *profanes* qui portent vers la joie intérieure, l'amour divin, les saintes larmes ». Le génie du christianisme est secrètement « philocalique » et « philocalie » veut dire « amour de la beauté » ; cette beauté ne doit pas être réservée à la liturgie, à l'ascèse, elle doit rayonner aussi dans la culture.

« Que ton Nom soit sanctifié »

Le Père, de toute éternité, se nomme dans son Verbe, dans sa Parole. Et le Verbe se fait chair pour nous révéler le Nom, et le sanctifier jusqu'au bout, car le Nom c'est la présence, à la fois « séparée » et rayonnante, c'est-à-dire *sainte*. La « sanctification du Nom », au temps du Christ, ne signifiait pas l'honneur et la louange rendus à Dieu, mais le don de la vie, c'est-à-dire le martyre. Jésus a sanctifié le Nom jusqu'à la croix, et le Nom l'a sanctifié jusqu'à la résurrection. Jésus crucifié, c'est « l'Un de la Sainte Trinité » crucifié, comme dit la liturgie byzantine. Jésus crucifié, c'est Dieu crucifié.

Là, dans cette totale désappropriation de la croix se révèle le Nom propre de Dieu. Et ce Nom est l'amour, « Dieu est amour », dit saint Jean. Par amour pour nous, Dieu nous rejoint dans notre souffrance, notre révolte, notre désespoir, notre agonie : « Père, s'il est possible, que cette coupe passe loin de moi. » « Mon Dieu, mon Dieu, pourquoi m'as-tu abandonné ? » De sorte que, désormais, entre notre souffrance et le néant, entre notre révolte, notre désespoir, notre agonie et le néant, le Dieu incarné et crucifié s'interpose et, ressuscitant, nous ouvre d'étranges issues de lumière.

Nous, pour « sanctifier le Nom », nous n'avons qu'à *nous réfugier dans la croix du Christ*. Le martyre chrétien est une expérience mystique où un homme, une femme, souvent quelconque, s'abandonne avec une humble confiance au Christ, au moment de la souffrance la plus aiguë. Alors il arrive que la joie de la résurrection l'envahisse.

Il y a bien des façons d'être martyr : « ... bienheureux les persécutés pour la justice... bienheureux lorsqu'on vous insulte... ». Ou bien, tout banalement, la maladie, le déclin, la perte des proches, la trahison et la solitude, la mort.

Chez le prochain comme pour soi-même, il faut d'abord, avec une sollicitude attentive, combattre la souffrance.

L'Occident moderne a fait beaucoup pour cela, et c'est bien. Car la souffrance peut être obscure, insensée, infernale : si souvent alors elle sépare, obsède, devient une mort avant la mort. Plus modérée, et si nous la vivons dans la foi, elle peut faire du corps une cellule monastique, nous détacher et nous ouvrir.

Mais surtout, je dois prier pour vivre ma souffrance ultime et mourir ma mort en identifiant mystérieusement mon corps au corps torturé du Christ, pour qu'alors vienne en moi la « sanctification du Nom » et même, s'il plaît à Dieu, qu'elle rayonne de moi, comme si je complétais un peu ce qui manque aux souffrances du Christ, pour reprendre l'expression de saint Paul. Peut-être, alors, à travers l'angoisse et l'horreur, filtrera une lumière, et je pourrai dire avec Jésus, en lui, non seulement « Mon Dieu, mon Dieu, pourquoi m'as-tu abandonné ? », mais « Père, entre tes mains je remets mon esprit ».

Je parle de tout cela à la première personne. Pour les autres, je ne sais pas, il n'y a que des cas particuliers. Le christianisme, ce n'est pas tout savoir. C'est peut-être ne rien savoir, mais avoir quand même confiance.

A propos de la « sanctification du Nom », je voudrais ajouter deux choses :

La première, c'est que le *Nom invoque et évoque la Présence*. Il n'a pas prise sur elle, comme dans les magies, il nous offre à elle. Ceux qui commencent à aimer échangent leur nom, et chacun pense souvent au nom de l'autre. Il en est de même, et c'est infiniment plus fort – car lui, au moins, nous sommes sûrs de son amour – pour notre relation avec le Christ.

On connaît plus ou moins ce qu'on appelle la « prière de Jésus », le « Seigneur Jésus-Christ, Fils de Dieu, aie pitié de moi, pécheur », prononcé sur le rythme de la respiration. Dans le monachisme ancien, on trouve toutes sortes de brèves formules : *« Kyrie eleison »,* « Je te prie, Seigneur, je te prie », « Seigneur, viens à mon aide, hâte-toi de me secourir », « Comme tu sais et comme tu veux... », « Gloire à toi, Seigneur, gloire à toi », etc.

Nous pouvons en inventer d'autres. Dans la vie quotidienne, c'est une manière très simple de « sanctifier le Nom », et de tout sanctifier par le Nom, de poser le Nom comme un sceau d'éternité sur les êtres et les choses, de déchiffrer par lui une situation. Car Dieu nous parle sans cesse par les êtres, par les choses, par les rencontres... Le Nom se révèle ainsi inépuisable, c'est un diamant aux mille facettes, chaque facette correspond à une chose, à un visage, à une situation...

Certes, il ne s'agit pas, pour la plupart d'entre nous, de « tenir » perpétuellement l'invocation du Nom, mais de faire jaillir de temps à autre un appel au secours, une célébration. Il s'agit de ne pas oublier Dieu. Car l'oubli est le plus grand des péchés, disent les spirituels. L'oubli, le somnambulisme, l'insensibilité de l'âme, la « callosité » du cœur. Alors, soudain, se rappeler Dieu, serait-ce pour l'affronter, comme Jacob, pour s'insurger contre lui, comme Job. Crier à lui, au Dieu vivant, et non se taire devant le mur d'airain du destin, du néant, de l'inévitable désastre. Seigneur, pourquoi ? « Tu m'as pris pour cible » – je cite Job. « Cesseras-tu enfin de me regarder pour me laisser le temps d'avaler ma salive ? » (encore Job). Seigneur, viens à mon aide. Guide-moi, éclaire-moi. Non comme je veux, mais comme tu veux. Et dans la joie, ou simplement dans l'humble plaisir d'exister : Gloire à toi, ô Dieu, gloire à toi ! Alors on s'aperçoit qu'on a beaucoup plus de temps pour prier qu'on ne le croyait... L'invocation du Nom : la prière de ceux qui n'ont pas le temps de prier.

L'autre chose que je voudrais dire à propos de la « sanctification du Nom », c'est qu'il n'y a pas, pour Jésus, une séparation statique du sacré et du profane, il n'y a pas de règles séparant le pur et l'impur. Notre vie quotidienne se meut entre le *Kiddousch haschem*, la « sanctification du Nom » et le *Hilloul haschem*, la « profanation du Nom », et la frontière est sans cesse en mouvement, elle passe par notre cœur, par la bouche disant ce qui vient du cœur, par le regard.

Tout peut être sanctifié, puisque, dit Zacharie, « toute marmite sera consacrée au Seigneur » et que, selon l'Apocalypse, « l'honneur et la gloire » des nations entreront dans la Jérusalem nouvelle. *Personne n'est définitivement « bon » ou « mauvais » :* pour un pédagogue, pour un juge, pour tout responsable, c'est la clé de la relation avec les autres.

Et si la technique nous délivre et nous délivrera de plus en plus des tâches physiquement écrasantes ou intellectuellement mécaniques, il faudrait que ce soit – mais une révolution culturelle serait indispensable – pour que nous puissions retrouver la possibilité de sanctifier le Nom dans le contact des matières, la pratique d'un art, la maîtrise sereine de l'intelligence incorporée dans les machines.

« Advienne ton Royaume »

Après le Père et le Verbe en qui il se nomme, voici l'Esprit Saint. Car une variante très ancienne de l'Évangile de Luc remplace : « vienne (advienne) ton Royaume » par « vienne ton Esprit Saint ». *Vienne ton Esprit Saint et qu'il nous communique ton Royaume :* ta gloire, ta *schekhinah,* tes énergies, ta grâce, ta lumière, ta vie, ta force, ta joie... tout cela veut dire la même chose.

Le Royaume, le nouveau ciel et la nouvelle terre, c'est le ciel et la terre renouvelés en Christ, pénétrés par la grâce de l'Esprit qui est vie pure, vie libérée de la mort. Le monde en Christ constitue le véritable « buisson ardent », dit Maxime le Confesseur. Mais ce feu est recouvert de scories et de cendres, la gangue de notre séparation, de notre opacité, de notre haine, de toute notre complicité avec les puissances du chaos, des ténèbres.

« Que ton Royaume advienne » : c'est préparer, c'est anticiper le retour du Christ, en écartant les scories et les cendres. Car le Royaume dont nous demandons la venue est déjà secrètement présent, chaque célébration eucharistique ébauche la parousie, et il y a dans la vie de chacun des instants eucharistiques, des étincelles de parousie.

Il ne faut pas avoir peur de ces instants, de cette plénitude – la « plérophorie » dont parlent les spirituels. Instants de prière silencieuse, de prière au-delà de la prière, quand le cœur s'embrase, instants de tension créatrice ou de très paisible confiance quand la lumière du Huitième Jour jaillit dans une intuition de vérité, de beauté, ou dans une véritable rencontre ; découvrir « l'océan intérieur d'un regard » et « l'autre comme un miracle », disait le patriarche Athénagoras, ou, pour le citer encore, s'unir en février à la doxologie du premier amandier en fleurs. Ou peut-être, après les affres de l'agonie, quand se pacifie le visage d'un mort et que, note Franz Rosenzweig, « l'individu renonçant aux derniers vestiges de son individualité et retournant à son origine, le Soi s'éveille à l'ultime singularisation et à l'ultime solitude... »

Dans tous ces moments, et nous en connaissons beaucoup d'autres, le Royaume affleure mystérieusement. Tout est si léger alors, il n'y a plus de mort, au sens où ce mot s'alourdit de néant, seulement des

pâques, des passages, il n'y a plus d'extériorité sépara-
trice, l'amour est si grand que même le désir s'abolit, il
y a seulement des visages, et le visage est tout regard,
comme dit une homélie macarienne, et la terre est
sacrée, un sacrement, et les étoiles, la nuit, sont les
signes de feu que nous font les mondes angéliques...

Qu'on m'entende bien. Il existe une approche
narcissique, grotesquement ou tragiquement avide, du
plaisir, de la jouissance d'être. S'y combinent les deux
passions « mères », la charnelle goinfrerie et l'orgueil
spirituel... L'homme risque alors de se décomposer,
comme le disait Kierkegaard, en « petites éternités de
jouissance ». Il ne voit des êtres et des choses – le
langage, ici, est significatif – que « ce qui tombe sous le
sens », ce qu'on peut « se mettre sous la dent ».

Mais le plaisir, la jouissance d'être, éprouvés avec
une certaine distance intérieure, avec gratitude, dans le
respect des êtres et des choses et la « sanctification du
Nom », le plaisir, la jouissance peuvent devenir une joie
non passionnelle, au sens ascétique du mot « passion »,
c'est-à-dire non idolâtrique. Ils sont alors souvenir du
Paradis, anticipation du Royaume. La danse du pas, le
rythme de la respiration – « respirer, ô invisible
poème ! » dit Rilke –, le parfum de la terre après
l'orage, encens cosmique, l'incessant, l'hésychaste en-
roulement et déroulement des vagues et des nébuleuses, le « Cantique des cantiques » d'un grand et noble
amour, où les corps sont la saveur des âmes, tout cela
peut devenir souvenir du paradis, anticipation du
Royaume.

L'acte créateur qui suscite de la beauté irradie la vie et l'amour, le sourire d'un tout petit enfant qui découvre son existence dans le parfum, le regard et la voix de sa mère, tout cela peut devenir souvenir du Paradis, anticipation du Royaume.

Dans l'Esprit, dans le grand souffle du Dieu vivant, les commandements du Christ – qui se résument dans l'amour pour Dieu, et dans l'amour pour l'autre et pour soi-même : il est si difficile de s'accepter – et pourtant : « tu aimeras ton prochain *comme toi-même* » –, les commandements du Christ apparaissent comme les chemins de la responsabilité et de la communion.

La révélation du Royaume, en effet, c'est qu'il n'y a rien de supérieur aux personnes et à la communion des personnes. Justice, vérité, beauté, cessent d'être des lois pour devenir des énergies vitales : bien mieux, notre participation, à travers l'humanité du Christ, aux énergies divines correspondantes.

Et si tu ne parviens pas à « garder les commandements », ne te considère jamais comme perdu, ne te crispe pas d'une manière moralisatrice ou volontariste. Plus profond, plus bas que ta honte ou ta déchéance, il y a le Christ. Tourne-toi vers lui, permets-lui de t'aimer, de te communiquer sa force. Il est inutile de t'acharner à la surface, *c'est le cœur qui doit basculer*.

Il ne faut même pas d'abord essayer d'aimer Dieu, seulement de *comprendre qu'il t'aime*. Si l'amour répond à l'amour, si le cœur profond s'éveille, alors la vie même du Christ, c'est-à-dire le souffle de l'Esprit, va monter en toi. Il te faudra seulement, mais désormais tu en auras envie, écarter les obstacles, les indurations, tout ce gravier et cette boue au fond de toi qui colmatent la source.

Il te faudra, une bonne fois, respirer plus profond que l'air de ce monde, « respirer l'Esprit », comme dit Grégoire le Sinaïte, et que ce souffle en toi, rejoigne, libère, exprime le gémissement de la création, l'attente du cosmos, dont toute la Bible nous dit qu'il est en gésine, en genèse : cosmogenèse, et depuis l'Incarnation, christogenèse (pourquoi ne pas reprendre, hors d'une systématisation contestable, ces beaux termes forgés par Teilhard ?), christogenèse où l'homme doit se comporter comme un roi, un prêtre, un prophète...

« Soit faite ta volonté comme dans le ciel de même sur la terre »

La volonté de Dieu, ce n'est pas un vouloir juridique, c'est un influx de vie, ce qui donne l'existence et la renouvelle quand elle s'égare. La volonté de Dieu, c'est d'abord la création elle-même, l'univers lui-même, tout entier porté par les idées-volontés, par les *logoï,* les paroles subsistantes du Dieu-poète. C'est ensuite l'histoire du *salut,* le dramatique dialogue d'amour entre Dieu et l'humanité afin « que tous les hommes soient sauvés », souligne la première Épître à Timothée. C'est pourquoi il nous faut tous les jours prier pour que tous, en effet, soient sauvés, prier pour tous ceux « qui ne savent pas, ne veulent pas ou ne peuvent pas prier », comme le demandait à ses moines le patriarche Justinien de Roumanie.

La volonté de Dieu n'est pas faite. Le monde, beau-et-bon, dit la Genèse, se trouve plongé dans l'horreur. Il y a la lumière, lisons-nous dans le prologue de Jean, mais il y a aussi les ténèbres. La toute-puissance de Dieu est celle de l'amour. Et comme l'amour ne peut s'imposer sans se nier, cette toute-puissance – capable de créer des êtres qui peuvent la refuser ! – cette toute-puissance est aussi une toute-faiblesse. Elle ne peut agir qu'à travers des cœurs humains qui, librement, se font transparents à sa lumière. Dieu respecte la liberté de l'homme, comme il a respecté celle de l'ange. Mais afin qu'elle ne succombe pas aux ténèbres, il s'incarne et descend dans la mort, dans l'enfer, afin qu'il y ait désormais un lieu où la volonté de l'homme puisse s'unir à la volonté divine. Ce lieu, c'est le Christ. En Christ, la volonté humaine s'est douloureusement et joyeusement unie à celle du Père. Dans le Ressuscité siégeant à la droite du Père, la volonté de Dieu est faite sur la terre comme au ciel.

Là encore, il nous suffit d'adhérer de tout notre être au Christ. « Venez à moi, vous tous qui êtes fatigués et chargés, et je vous donnerai du repos. Prenez sur vous mon joug, et mettez-vous à mon école, car je suis doux et humble de cœur, et vous trouverez le repos de vos âmes. Car mon joug est aisé, et mon fardeau, léger » (Mt 11, 28-30). Le Royaume, où la volonté de Dieu est faite sur la terre comme au ciel, « n'est pas de ce

monde », et ce n'est pas dans l'histoire qu'il se réali-
sera. La prière pour faire la volonté de Dieu nous
donne ainsi de la politique un usage ironique, réaliste
et patient, elle laïcise l'exercice du pouvoir, relativise
les idéologies et les enthousiasmes de l'histoire – l'histoire des forces collectives, au sens marxiste. Dans une
première approche, nous ne rêvons pas de transformer
la société en paradis, nous luttons pour qu'elle ne
devienne pas un enfer, nous y maintenons les équilibres
nécessaires, qu'il s'agisse de la « séparation des pouvoirs » de Montesquieu, ou des *checks and balances* de
la conception anglo-saxonne – et protestante – de
l'État. L'homme de prière et d'espérance évite tant
bien que mal d'un côté le cynisme des conservateurs,
bonne gestion des maux dits inévitables (pour les
autres !), de l'autre l'amertume des révolutionnaires,
que déçoivent nécessairement les révolutions jamais
faites et les révolutions trop bien faites. Il sait qu'on
n'en aura jamais fini avec la bêtise et la haine, mais que
ce n'est pas une raison pour capituler ! Simultanément
nous devons affirmer, avec Serge Boulgakov, que
« l'histoire n'est pas un couloir vide ». Cette immense
force de vie, de vraie vie, que la Résurrection a mise
dans le monde et qui surabonde du calice eucharistique
et de la prière des saints, elle ne peut pas s'exprimer
seulement dans des destinées individuelles. La société
et la culture sont des dimensions de la personne et de
la relation des personnes.

La chrétienté a tenté de sanctifier la culture, non
sans succès, mais elle a de plus en plus étouffé la
liberté. Aujourd'hui, il appartient à l'Église d'échapper

aux nostalgies, à la volonté de puissance, pour devenir ou redevenir l'humus secret à partir de quoi se lèveront les forêts de l'avenir. Non pas seule d'ailleurs, mais en collaboration avec toutes les recherches convergentes, et d'abord chrétiennes, avec toutes les attentes et les intuitions de la culture contemporaine : qu'il s'agisse de la réflexion renouvelée sur les droits de l'homme, de la *metanoïa* ébauchée d'une philosophie où ce qui n'est pas orfèvrerie du néant concerne la relation et le visage, qu'il s'agisse des ouvertures de la science ou de la critique de l'économisme.

Avec l'écroulement des idéologies et la montée du nihilisme, le temps vient d'un christianisme créateur. Des penseurs d'ailleurs non chrétiens, comme Gramsci et Foucault, nous ont suggéré que la véritable infrastructure de l'histoire est la culture. Et nous savons bien, nous, que la culture, à moins de devenir une contrefaçon, se nourrit du spirituel. C'est comme dans la tectonique des « plaques » : il suffit que les « plaques » les plus profondes de l'écorce terrestre bougent de quelques millimètres pour que des tremblements de terre se produisent à la surface. Les véritables révolutions sont les révolutions de l'esprit, disait Berdiaev.

La « révolution des consciences », dit aujourd'hui l'évêque Irénée de Crète. Les penseurs religieux, surtout français et russes, de la première moitié du siècle ont ouvert les voies, apporté une inspiration.

Dans les années qui viennent, il faudra des initiatives et des propositions chrétiennes en pleine pâte de la société civile et de la culture. Il importera que des chrétiens, si possible en groupes, si possible épaulés par des communautés d'Église, proposent de nouvelles attitudes, inventent de nouvelles formes de vie et de travail dans leur métier, à l'école, au tribunal, dans les hôpitaux, dans les quartiers de laideur et de détresse où germe la violence...

Il n'y aura jamais, sinon comme un idéal et comme un ferment, une « civilisation de l'amour ». Il y aura toujours, dans la vie collective, un fond de pulsions irrationnelles qu'il faut savoir gérer, utiliser, contenir (et ici les machiavéliens modérés et lucides valent mieux que les naïfs barbouillés de sentimentalité).

Le mal, seule la sainteté peut le guérir à sa racine. Mais la sainteté, mais l'Évangile, doivent introduire dans la société une tension, un ferment, en effet, ou une blessure, qui constituent le lieu même de la liberté de l'esprit. Et s'il ne peut y avoir une plénière et définitive « civilisation de la communion », nous devons inlassablement ouvrir ce qu'on appelle en France, dans les Ponts et Chaussées, des « voies de petite communication » !

« Le pain de nous, celui qui vient, donne-nous aujourd'hui »

Le pain de nous, le pain pour nous, le pain qui nous est nécessaire, nous le demandons à Dieu. Nous faisons et nous devons faire ce qu'il faut pour l'obtenir, pour l'obtenir honnêtement, par notre travail, dans une civilisation si possible honnête (c'est un point sur lequel je reviendrai). Pourtant nous le demandons à Dieu, comme un don, comme une grâce. Le pain, c'est ce qui me fait vivre. Or, le fait que je continue aujourd'hui de vivre suppose un entrecroisement incroyable de circonstances favorables accumulées pendant des dizaines d'années ! Tant de fois j'aurais pu, j'aurais dû mourir : guerre, accident, malaise cardiaque, cancer, tentation du suicide – que sais-je ? Telle ou telle personne, dont le visage, la voix, la prière pour moi sont aussi mon pain quotidien, peut mourir d'un instant à l'autre. Telle autre, un enfant peut-être, dont je voudrais protéger ou guider le destin, m'échappe entièrement.

Il n'y a que deux issues : ou l'angoisse, et toutes les manières de la fuir, sans grand succès, nous le savons bien. Ou la prière : notre pain, ce pain que nous assure toute une civilisation, nourriture, vêtement, maison, sécurité, ce pain que nous procure un fragile équilibre biologique, ou psychologique, ce pain que constituent aussi tant d'affections ou d'impressions dont se nourrit notre âme, nous reconnaissons que nous le tenons de Toi : donne-le-nous aujourd'hui. Ou simplement : *donne-nous l'aujourd'hui.* Sinon, si tu veux nous le retirer, retire-le-nous. Si tu le veux, je mourrai aujourd'hui, je suis un serviteur inutile, libère-moi de ce jeu étrange – au fond étranger... « Alors Job se leva, déchira son vêtement, se rasa la tête. Puis, tombant sur le sol, il se prosterna et dit : "Nu je suis sorti du sein de ma mère, nu j'y retournerai. Le Seigneur a donné, le

L'hospitalité d'Abraham : l'Ange-Logos (Verbe) entre deux anges, servi par Abraham et Sarah. Provient d'une église de Novgorod, aujourd'hui au Musée Russe, Saint-Pétersbourg.

Seigneur a repris : que le Nom du Seigneur soit
béni !" » (1, 21).

Ainsi, recevoir chaque jour comme un jour de grâce.
Mais il y a plus. Ce pain, cette subsistance, nous le
demandons aujourd'hui comme « le pain qui vient »,
c'est-à-dire le pain du Royaume. Or, le pain du
Royaume, c'est l'Eucharistie. Ce que nous demandons
à Dieu, c'est de recevoir aujourd'hui tout pain, toute
subsistance comme si c'était l'Eucharistie, c'est-à-dire
la communion à son Corps, à sa Présence. Dans la
mystique juive, on dit que la présence, la *schekhinah,*
est exilée, par notre aveuglement, dans le secret des
êtres et des choses.

La tâche quotidienne du croyant est de déceler et de
libérer ces étincelles de la Présence, pour qu'elles
puissent rejoindre le brasier originel, non en abandon-
nant la matière, mais en la transfigurant. Dans *La
Vingt-Cinquième Heure,* de Virgil Gheorgiu, on voit un
paysan roumain manger avec gravité, attention et
gratitude, comme s'il communiait. Quand le repas est
fête de la rencontre, l'aspect eucharistique s'accroît.
« En toutes choses, faites eucharistie », dit Paul.

Il y a une certaine manière de se laver, de se vêtir, de
se nourrir, que ce soit de nourriture ou de beauté, une
certaine manière d'accueillir l'autre, qui est eucharistique. Il y a aussi, je crois, une manière eucharistique
d'accomplir les tâches quotidiennes, ternes, lourdes,
répétitives (après tout, le texte du *Notre Père* parle du
pain, non du vin, et le pain connote une idée de
nécessité) : il y faut un peu de détachement et, simplement, ne pas oublier Dieu, même si on ne peut lui offrir

que sa fatigue, son épuisement, à la limite son incapacité d'offrir.

Permets-nous de déceler dans les êtres, les choses, les situations d'aujourd'hui le visage et la parole du Christ qui vient.

Bonne, selon la coutume orthodoxe, est l'invocation à l'Esprit Saint avant toute tâche de quelque importance et, après, la louange à la Mère de Dieu : elle est la Mère que nous n'avons plus ou que nous n'avons pas eue, elle est la consolation que nous avons attendue de la femme, – en vain, bien entendu, la femme aussi a besoin d'être consolée –, elle est déjà tout entière dans le Royaume et nous aide à passer sur l'autre rive, elle est, dans une personne créée, la synthèse absolue de toute tendresse et de toute beauté. La demande du pain suggère ce que devrait être notre rapport avec la terre, car le pain, c'est la terre travaillée par l'homme. L'homme détruira la terre ou il fera d'elle une eucharistie.

La terre n'est pas une déesse, la technique achève d'arracher la personne au ventre de la terre-mère. Mais elle n'est pas davantage un ensemble d'énergies à utiliser aveuglément, au risque, nous le voyons bien aujourd'hui, de dénaturer la nature. Les chrétiens doivent proposer, en ce qui concerne les rapports de l'humanité et de la terre, non l'attitude d'un économisme, ou d'un écologisme, l'un et l'autre aveugles, mais celle d'une responsabilité aimante, peu à peu transfigurante. « Notre sœur la terre-mère », disait magnifiquement saint François d'Assise. Notre sœur, notre fiancée : qu'il nous faut épouser avec un respect infini afin qu'elle enfante non seulement notre pain quotidien, mais le pain embaumé de tout le parfum du Royaume...

La demande du pain, si nous voulons la dire sans inconscience ou hypocrisie, nous impose une autre exigence : celle du *partage*. La communion eucharistique est un partage, le « sacrement du frère » est inséparable de celui « de l'autel », disait saint Jean Chrysostome. Le socialisme athée, le communisme persécuteur, sont venus aussi parce que le monde chrétien n'a pas su partager, parce qu'il a gardé le « sacrement de l'autel » en oubliant celui « du frère ». Le drame, on le sait du reste, continue et s'aggrave aujourd'hui à l'échelle planétaire.

Le partage, nous devons le pratiquer d'abord d'homme à homme, de famille à famille, peut-être dans le cadre de nos paroisses dont il est souhaitable qu'elles deviennent, plus ou moins, de véritables communautés. Nous devons l'ébaucher dans notre milieu, le favoriser dans nos prises de positions civiques, à l'échelle de la nation, dans le respect et l'accueil de l'étranger, de l'immigré, à la fois pour l'assimiler, et pour préserver, s'il le souhaite, sa culture. A l'échelle aussi, je le répète, de l'entière humanité. Nous pouvons rêver, proposer, préciser un ordre économique mondial. Nous avons besoin d'économistes rigoureux et réalistes, mais capables aussi de mettre leur science au service de la prière : donne-nous, à nous, tous les hommes, le pain nécessaire et que ce soit aussi le pain du Royaume, le pain de la bienveillance fraternelle et de la beauté.

Mais puisque nous parlons de la vie quotidienne, ce sont des micro-réalisations qu'il faut patiemment multiplier, dans les sociétés riches comme dans les sociétés pauvres, ainsi mises en dialogue. C'est surtout un nouveau style de vie qu'il convient d'élaborer, dont nous pourrions donner l'exemple, un style fondé sur la limitation volontaire pour un partage planétaire...

**« Et remets-nous nos dettes,
comme nous aussi les remettons
à ceux qui nous doivent »**

Remets-nous nos dettes : nous devons tout à Dieu. Nous n'existons que par sa volonté créatrice, par et pour son Incarnation qui nous ouvre les voies de notre accomplissement, qui nous réconcilie avec lui, nous donne sa grâce. « Les créatures sont posées sur la parole créatrice de Dieu comme sur un pont de diamant, sous l'abîme de l'infinité divine, au-dessus de l'abîme de leur propre néant », disait Philarète de Moscou.

Nous refermer sur nous-mêmes, refuser cette relation qui nous donne l'être, c'est nous vouer à la destruction et à la mort, c'est proprement le nihilisme, surtout si l'on donne au mot latin *nihil,* rien, l'étymologie que propose Pierre Boutang : ne-hile, la rupture du hile, cette légère mais seule vivifiante attache qui relie le grain à la gousse... Et même là, là peut-être surtout, dans le *nihil,* le Dieu incarné, crucifié, descendu en enfer nous attend pour nous remettre nos dettes.

Il faudrait citer les textes poignants de Nicolas Cabasilas sur le salut par l'amour : du Christ, il écrit qu'il vient à nous de lui-même, « et déclare son amour, et supplie que notre amour réponde au sien. Devant un refus, il ne se retire pas, il ne s'indigne pas de l'injure. Repoussé, il attend à la porte. Comme un véritable amant il supporte les avanies et meurt » – pour ressusciter et nous ressusciter pour peu que nous l'acceptions. « Pour tout le bien qu'il nous a fait, Dieu ne demande en retour que notre amour, en échange de notre amour, il nous acquitte de toute notre dette. »

Et Cabasilas, qui était lui-même un laïc, recommande à ceux qui vivent dans le siècle de brèves méditations, des sortes de rappels. Se rappeler, le temps de mettre un pied devant l'autre, dans la rue, que Dieu existe et qu'il nous aime. Je n'existe que par toi, je n'existe qu'en toi, pardonne-moi de l'oublier si souvent, aide-moi à m'accepter comme ta créature, comme le premier des pécheurs, un pécheur pardonné, comme un membre obscur et douloureux de ton Corps, de ton Église. Aide-moi à m'accepter dans ces limites que tu veux, avec la certitude que toi, et toi seul, franchis toute limite...

« Seigneur, tout est en toi, moi-même je suis en toi, accepte-moi », dit un personnage de Dostoïevski. Je ne peux mettre un pied devant l'autre, non seulement dans la rue mais dans l'existence, qu'en me rappelant le pardon et la miséricorde de Dieu, et aussi sa volonté

que j'existe, sinon le dégoût de moi-même et le sentiment de mon inexistence me désintégreraient dans le
néant – ou, pour être plus précis : dans l'enfer.

« Remets-nous nos dettes » : car tu nous as prédesti-
nés, tous, oui, tous les hommes, à devenir fils dans ton
Fils. « Remets-nous nos dettes » : seul ce rappel peut
nous délivrer aussi bien du narcissisme que de ce
découragement, cette fatigue de tout l'être qui constituent sans doute aujourd'hui la forme majeure du
péché.

Mais il y a une condition fondamentale pour que
nous puissions vivre libres et détachés dans la grâce de
notre Dieu, c'est que nous aussi remettions leurs dettes
à ceux qui nous doivent.

Comment ne pas évoquer ici la parabole du débi-
teur insolvable (Mt 18, 23-25) – et nous sommes tous
des débiteurs insolvables ! Un homme devait au roi
une somme colossale. Il était bien incapable de s'ac-
quitter. Il allait donc être vendu comme esclave, lui et
tous les siens. Mais le roi, ému de pitié, lui pardonne
et lui remet sa dette. Pas plus tôt sorti, ce serviteur
rencontre un de ses compagnons, qui lui doit une
somme modique. Il le prend à la gorge avec une totale
férocité, et le fait jeter en prison. Le maître, averti, le
livre à la rude justice d'alors en lui disant : « Mauvais
serviteur, je t'avais remis cette dette parce que tu m'en
avais supplié. Ne devais-tu pas, toi aussi, avoir pitié de
ton compagnon comme moi-même j'avais eu pitié de
toi ? »

Il faut bien comprendre le mouvement de la parabole. Ce n'est pas parce que je remets leurs dettes à mes

débiteurs que Dieu me remet les miennes. Je ne
conditionne pas le pardon de Dieu. C'est parce que
Dieu me pardonne, me ramène à lui, me permet
d'exister, libre, dans sa grâce, c'est parce que je suis
alors submergé de gratitude que je vais désengluer les
autres de mon égocentrisme et les laisser exister, eux
aussi, dans la liberté de la grâce...

Sans cesse, nous attendons quelque chose des autres.
Ils nous doivent leur amour, leur attention, leur admiration. Ce n'est pas l'autre qui m'intéresse mais la
gratification qu'il me procure. L'étoffe dont je suis fait
est de vanité, de susceptibilité. Et comme les autres,
sans cesse, me déçoivent, comme ils ne peuvent pas me
payer leurs dettes, je les poursuis de ma rancune, je
nourris à leur endroit d'obscures passions négatives, je
me perds dans le maquis d'indéfinies « vendettas ». Ou
bien, avec une dignité offensée, je me retire sous ma
tente, je me drape dans une indifférence hautaine, je
me paie à moi-même les dettes des autres, en monnaie
de singe, c'est le cas de le dire !

Psychologiquement, dans ce monde scellé par la
mort, il n'y a pas d'issue. Mais si nous comprenons que
ce monde est un tombeau vide rempli d'une lumière
venue d'ailleurs, si nous comprenons que Dieu, en
Christ, nous acquitte de notre dette fondamentale : la
mort – la mort physique et surtout la mort spirituelle –,
alors nous n'avons plus besoin d'esclaves pour nous
faire croire que nous sommes des dieux.

Nous comprenons que les autres ne nous doivent
rien. Les autres ne m'appartiennent pas. Chacun d'eux,
comme Dieu dont il est l'image, est un sujet libre,

inaccessible. Je ne pourrais me l'approprier qu'en lui enlevant sa liberté, c'est-à-dire en le niant, à la limite en le tuant. Et il y a tant de manières de tuer ! Mais de même que le Dieu inaccessible se révèle à moi dans sa grâce, de même l'autre inaccessible peut se révéler à moi, et c'est aussi une grâce. Alors je comprends que « tout est grâce », comme l'écrivait Bernanos, à la fin de son *Journal d'un curé de campagne*.

Certes, les hommes ont entre eux des relations de droit, la loi les arrache, extérieurement en tout cas, aux pulsions meurtrières, elle règle extérieurement leurs rapports et les protège de l'arbitraire. Mais, au-delà, il y a seulement le pardon, l'accueil et parfois l'éblouissement.

Le saint, disait Syméon le Nouveau Théologien, est « le pauvre qui aime ses frères ». Pauvre, parce qu'il se reçoit sans cesse des mains de Dieu. Capable, alors, d'être le prochain de tous... Nous ne sommes guère des saints. Cependant, dans la vie quotidienne, il faut tenter, sans rancœur ni masochisme, de respecter le secret des autres, leur solitude, leur relation avec le mystère.

Plus je connais les autres, dans cette perspective, et plus ils me deviennent inconnus. Avec eux aussi je vais « de commencements en commencements, par des commencements qui n'ont jamais de fin ». Quand la promiscuité, l'usure de la vie, ou la volonté médicale, pédagogique ou simplement jalouse de trop comprendre, émoussent l'altérité, il suffit d'être un peu attentif : un détail incongru survient, il échappe à mes schématisations, la distance se rétablit entre l'autre et moi, douloureuse et bonne, la distance de la révélation.

Il faut savoir quelquefois, dans la prière silencieuse, devenir ce « point nul » où l'on ne s'appartient plus, où l'on n'existe plus par soi-même, où l'on se reçoit, où l'on reçoit la grâce de savoir que les autres existent, hors de moi aussi intérieurement que moi, où l'on devient, comme disait Évagre le Pontique, « séparé de tous et uni à tous ».

« Et ne nous laisse pas entrer dans la tentation mais délivre-nous du Mal (du Mauvais)... »

Ce n'est pas Dieu qui tente, « Dieu ne tente personne », dit saint Jacques (1, 13). C'est un sémitisme pour dire : ne nous laisse pas entrer, fais que nous n'entrions pas dans la tentation, qu'elle ne nous emporte pas.

Quelle « tentation » ? D'abord du meurtre ou du suicide – et il y a tant de façons de tuer ou de se tuer – qui naît de ce que saint Maxime le Confesseur appelle « la peur cachée de la mort ». Alors nous avons besoin d'ennemis pour projeter sur eux cette angoisse fondamentale. Il faut démasquer celle-ci par une lucide « mémoire de la mort », anamnèse au fond de laquelle nous trouvons non le néant fardé de dérision, mais le Ressuscité qui nous ressuscite. La métamorphose de l'angoisse en une confiance, qui pèse de tout le poids de notre angoisse, nous permet enfin, parfois, un peu, d'« aimer nos ennemis », selon l'injonction d'abord incompréhensible de Jésus.

Mais la tentation est surtout le mystère de l'ultime apostasie. C'est un mystère qui affleure à toutes les époques du christianisme, puisque nous sommes dans les « derniers temps » depuis l'Incarnation et la Pentecôte : « Vous avez entendu qu'un antéchrist vient, dit saint Jean, or, dès maintenant, beaucoup d'antéchrists sont là » (1 Jn 2, 18). Peut-être ce mystère se précise-t-il à notre époque qui est vraiment une apocalypse dans l'histoire et qui fait remonter à la surface tant de choses terribles. Peut-être est-ce tout simplement parce que c'est *notre* époque : pas plus « apocalyptique » que bien d'autres (on s'en rend compte en étudiant les crises du passé).

La grande apostasie, ce n'est pas forcément l'athéisme. La révolte, voire le blasphème, cherchent Dieu à leur manière. Devant la douleur du monde, il y a aussi un athéisme de compassion, qui prend place sans doute dans le *Eli, Eli lema sabachtani* du Golgotha. La grande apostasie, ce serait plutôt de se sentir guéri de Dieu, guéri de la question, *retranché du mystère, sans angoisse ni émerveillement.*

Non seulement absence de Dieu, ignorance paisible de Dieu, mais captation du désir d'absolu de l'homme par des parodies atroces ou séductrices : magies, drogues, paroxysmes, et la torture et l'érotisme, d'ailleurs étroitement liés, ivresses totalitaires d'hier (je parle de l'Europe), transformation actuelle des religions en idéologies, remplacement de la

communion par la fusion, par la possession, dans
tant de formes de l'art contemporain, dans tant de
milieux sectaires, invasion de la parapsychologie et
de l'occultisme qui permettront demain la fascination
des masses par des faiseurs de pseudo-miracles, de
prodiges où s'expriment des « pouvoirs » et qui
donnent la puissance, comme ceux que Jésus a refu-
sés au désert.

Je pense au *Récit sur l'Antéchrist,* de Vladimir
Soloviev, où l'on voit l'Antéchrist, grand réformateur
social et spiritualiste patenté, s'associer un mage qui
donne à l'humanité « prodiges et merveilles ». Je pense
au « dernier homme » de Nietzsche, dans le prologue
du *Zarathoustra :* « Voici ! Je vous montre le dernier
homme – Amour ? Création ? Désir ? Étoile ?
Qu'est-ce donc ? Ainsi demande le dernier homme, et
il cligne de l'œil. "Nous avons inventé le bonheur",
disent les derniers hommes. (...) Un peu de poison
de-ci de-là, pour se procurer les rêves agréables. Et
beaucoup de poison enfin, pour mourir agréablement.
(...) On a son petit plaisir pour le jour, et son petit
plaisir pour la nuit : mais on respecte la santé – "Nous
avons inventé le bonheur", disent les derniers hommes,
et ils clignent de l'œil. »

J'ai eu le privilège de rencontrer et d'écouter Andréi
Tarkovski, le cinéaste d'*Andréi Roublev* et du *Stalker,*
entre autres. Il disait qu'aujourd'hui, le *risque, c'est que
les hommes cessent de poser la question.* Et que lui
s'était consacré à les réveiller, à leur faire comprendre
que l'homme *est* question. Il disait aussi combien il se
sentait seul.

Nous devons rester des hommes d'angoisse et d'émerveillement, des hommes qui ne se paient pas de mots et d'idoles, nous devons rester des hommes qui posent la question, serait-ce au prix d'une certaine folie. Pourquoi les Églises n'ont-elles pu accueillir un Nietzsche, un Artaud, un Khalil Gibran, un Kazantzakis ? Le temps n'est-il pas venu où l'Église devrait *offrir un lieu à ceux qui posent la question* ?

« Ne nous laisse pas entrer dans la tentation » : dans la tentation de t'oublier, de nous croire guéris de toi, de te parodier subtilement ou grotesquement, toujours grotesquement en définitive.

« ... mais délivre-nous du mal... »

Le monde gît dans le mal. Et le mal n'est pas seulement chaos, absence d'être, il témoigne d'une intelligence perverse qui, à force d'horreur systématiquement absurde, veut nous faire douter de Dieu, de sa bonté. En vérité, non seulement la « privation du bien », comme disent les Pères, non seulement ce « manque à être » par lequel Lacan définissait l'homme, mais le Malin, le Mauvais, non pas la matière, ni le corps, mais la plus haute intelligence refermée sur sa propre lumière...

Adorno a écrit qu'après Auschwitz – j'ajouterai après Hiroshima, le Goulag – on ne devrait plus composer de poèmes. Je crois qu'on peut, qu'on doit toujours en composer, je crois qu'on peut, qu'on doit toujours parler de Dieu, mais peut-être autrement. Il faut dire que Dieu n'a pas créé le mal et même qu'il ne l'a pas permis. « La face de Dieu ruisselle de sang dans

l'ombre », disait Léon Bloy, dans une expression que
cite souvent Berdiaev.

Le mal, Dieu le reçoit en plein visage, comme Jésus
recevait des soufflets les yeux bandés. Le cri de Job
s'élève toujours et Rachel pleure ses enfants. Mais la
réponse à Job a été et reste donnée : *c'est la Croix*. C'est
Dieu crucifié sur tout le mal du monde, mais faisant
éclater dans les ténèbres une immense force de résurrection. Pâques, c'est la Transfiguration dans l'abîme.
« Délivre-nous du mal », cela veut dire : Viens, Seigneur Jésus, viens, toi qui es déjà venu pour vaincre
l'enfer et la mort, toi qui disais que tu voyais « Satan
tomber du ciel comme l'éclair » (Lc 10, 18). Cette
victoire est présente dans la profondeur de l'Église.
Nous en recevons la force et la joie chaque fois que
nous communions. Et si le Christ la garde secrète, c'est
qu'il veut nous y associer. « Délivre-nous du mal » est
une prière active, une prière qui nous engage.

Toute l'Église est engagée dans ce combat ultime,
qui n'est pas pour la victoire mais pour le dévoilement
de la victoire : depuis les moines qui cherchent le corps
à corps avec les puissances des ténèbres, de sorte que
les monastères et les ermitages sont comme les para-
tonnerres spirituels du monde, jusqu'aux plus humbles
d'entre nous, craintivement blottis contre la croix du
Christ, et qui tentent patiemment, jour après jour, de
lutter contre toutes les formes de mal, en nous, autour
de nous, dans la culture et la société. Qui ravaudent
petitement le tissu de la vie, que ne cesse de déchirer
celui que l'Écriture nomme « le Seigneur de la mort ».

Chaque geste de bien pur, non idéologique, non

contraignant, chaque action de justice et de compassion, chaque étincelle de beauté, chaque parole de vérité use la gangue qui recouvre encore la victoire du Christ sur le « séparateur ». Sans oublier que, lorsqu'on parle du Malin, il ne faut pas regarder le voisin, mais regarder d'abord « dans son propre fauteuil ». Sans oublier non plus que les plus grands – saint Isaac le Syrien par exemple, ou ce « fol en Christ » dont parle le « Missionnaire en Sibérie » –, les plus réalistes, ceux qui justement ont *vu* l'enfer, ont prié non seulement : « Délivre-nous du mal », ou « Délivre-nous du Mauvais », mais aussi : « s'il est possible, délivre du mal le Mauvais, car lui aussi est ta créature... »

Et nous qui avons honte d'être chrétiens ou, au contraire, faisons du christianisme, de notre confession, l'étendard de la supériorité et du mépris, « délivre-nous du mal ».

Nous qui parlons de « déification » et sommes souvent si peu humains, « délivre-nous du mal ».

Nous qui parlons si vite d'amour et ne savons même pas nous respecter mutuellement, « délivre-nous du mal ».

Et moi qui suis un homme d'angoisse et de tourment, si souvent divisé, si peu sûr d'exister, et qui ose parler – avec l'Église, c'est ma seule excuse – du Royaume et de sa joie, « délivre-moi du mal ».

« O Unique, ne m'ôte pas le souvenir de ces souffrances le jour où tu me laveras de mon mal et aussi de mon bien, et me feras habiller de soleil par les tiens, par les souriants » (O.V. de L. Milosz).

Saint François de Sales a prédit qu'à un moment

décisif de l'histoire se produirait la *decatenatio sancto-
rum :* le « désenchaînement » et le « déchaînement des
saints ». Aujourd'hui c'est notre prière et notre attente.
L'union maintenant en Christ, vrai Dieu et vrai
homme, des contemplations traditionnelles et de
l'aventure moderne, la rencontre aussi entre l'Occident
et l'Orient chrétiens, constituent sans doute autant de
conditions favorables à cette *decatenatio.* Voici maintenant le samedi saint, où la descente en enfer devient
victoire sur l'enfer, où se prépare le retour du Christ ou
plutôt le retour de l'univers et de l'humanité, à travers
le Christ, vers le Père, afin qu'il puisse enfin « essuyer
toute larme de nos yeux » (Ap 21, 4).

  « Car c'est à (Lui) qu'appartiennent le règne, la
puissance et la gloire », c'est-à-dire la croix, l'amour, la
vie enfin victorieuse, « Père, Fils et Saint Esprit »,
ajoutent les orthodoxes, « dans les siècles des siècles.
Amen ».

« Roi céleste,
Consolateur... »

Roi céleste, Consolateur, Esprit de Vérité,
toi qui es partout présent et qui remplis tout,
trésor des biens et donateur de vie,
viens, fais ta demeure en nous,
purifie-nous de toute souillure,
et sauve nos âmes, toi qui es bon.

Telle est la prière à l'Esprit Saint la plus répandue dans l'Église orthodoxe. On ne commence jamais une action importante, que ce soit dans l'Église ou dans le monde, sans la prononcer. Dans l'Église, c'est la prière qui introduit à toute prière, car toute prière authentique se déploie dans le souffle de l'Esprit. « L'Esprit vient en aide à notre faiblesse, car nous ne savons quoi demander dans nos prières. Mais l'Esprit lui-même intercède pour nous par des gémissements ineffables » (Rm 8, 26). Notations qui valent pour notre prière dans le monde où seul l'Esprit peut unir le visible à l'invisible, lesquels, dit Maxime le Confesseur [1], doivent se symboliser mutuellement, – figure christique.

Le Christ en effet existe dans l'Esprit Saint et nous le communique. Son Corps ecclésial est le lieu d'où

1. *Mystagogie,* 2.

jaillit, ou bien sourd goutte à goutte, cette communication. Onction de Jésus, donc de son Corps, il oint les membres de celui-ci, les christifiant, faisant d'eux un peuple de prophètes. Si la Pentecôte commence au jour que décrivent symboliquement les Actes des apôtres, elle ne s'y enclôt pas. Elle continue, se déploie, ou s'enfouit, dans un élan finalement irréductible vers l'Ultime, tantôt en effet souterraine et tantôt éclatante, préparant et anticipant, dans l'eucharistie et dans les hommes eucharistiques, le retour de toutes choses en Christ.

Roi céleste, Consolateur, Esprit de Vérité

Le mot « roi » affirme la divinité de l'Esprit, comme l'a fait en 381 le deuxième Concile œcuménique. L'Esprit n'est pas une force anonyme, créée ou incréée, il est Dieu, un « mode » unique « de subsistance » de la divinité, une mystérieuse « hypostase » divine.

« Roi céleste » : ce dernier mot désigne ici la « Mer de la Divinité », comme dit la tradition syriaque. Roi est celui qui régit. L'Esprit du Père, qui repose dans le Fils, « Royaume du Père et Onction du Fils », dit, entre bien d'autres, saint Grégoire de Nysse [2], régit, c'est-à-dire sert, la communion des « hypostases »

2. *De l'oraison dominicale,* 3. Cf. Paul Florensky, *La Colonne et le Fondement de la vérité,* tr. fr. Lausanne, 1975, p. 94 s.

La Résurrection : les femmes porteuses d'aromates au tombeau vide où l'ange les accueille. Les personnages minuscules symbolisent les soldats. École russe du Nord, 1497, Musée Russe, Saint-Pétersbourg.

divines dont la Tradition, scrutant les Écritures, dit qu'il est la « troisième ». Il y a l'Un, le Père, il y a l'Autre, le Fils, et le dépassement de toute opposition se fait dans le Troisième, non par résorption de l'Autre dans l'Un, comme c'est le plus souvent le cas, semble-t-il, dans les spiritualités asiatiques et les gnoses, mais par une Différence trois fois sainte sans la moindre extériorité.

Simultanément, ce Roi vient à nous pour nous communiquer le céleste, pour nous réconforter, nous transmettre la vie ressuscitée. C'est pourquoi le Christ, dans l'Évangile de Jean, au Discours des Adieux, le nomme Paraclet, on traduit : le Consolateur, mieux vaudrait dire, avec les Anglais, le *comforter,* celui qui conforte en donnant la vraie force. « L'autre Paraclet », dit Jésus, car ils sont inséparables : l'immense consolation, échange des vies, transfusion de force que recèle le Christ, c'est l'Esprit qui les décèle et les manifeste au long de l'histoire, selon les recherches, les angoisses, les intuitions qui déchirent ou exaltent celle-ci.

Roi céleste, Consolateur : dans l'Esprit, Dieu transcende sa propre transcendance, selon une trans-descendance aimante si l'on veut accepter ce terme, don que Dieu fait de lui-même qui, tout entier inaccessible, se rend tout entier participable. Comme le disait Vladimir Lossky, Dieu « franchit le mur de sa transcendance » dans l'Esprit Saint, par qui, en qui, le Logos, le Verbe, ne cesse de se manifester à travers les multiples expressions de la Sagesse et de la prophétie, « lumière éclairant tout homme qui vient dans le monde [3] », par qui, en qui, le Verbe ne cesse de se faire chair : car l'Incarnation du Verbe se réalise par l'Esprit – et par la liberté lucide et forte de la Vierge car l'Esprit est inséparable de la liberté.

C'est pourquoi, quand nous disons « Esprit de Vérité », ou, plus précisément, « de la Vérité », nous ne désignons pas une notion, un ensemble de concepts, un quelconque système – il y en a tant ! – mais *Quelqu'un* qui nous a dit qu'il était, qu'il est « le Chemin, la Vérité et la Vie », les mots « chemin » et « vie », inclus en celui qui est le Vrai, le Fidèle, le Véridique, désignant, semble-t-il, plus particulièrement le Saint-Esprit.

La Vérité, la révélation, inséparablement, de la vérité de Dieu et de celle de l'homme, c'est le Verbe incarné, le Dieu fait homme. C'est lui que l'Esprit nous rend présent dans les sacrements, les « mystères » de l'Église, dans l'Église mystère du Ressuscité, sacrement de résurrection grâce à (par la grâce de) l'Esprit Saint.

Le Christ chemine avec les pèlerins d'Emmaüs, mais ils ne le reconnaissent pas : sa parole pourtant, que porte son Souffle, embrase leur cœur. Et quand il rompt le pain déjà eucharistique, il se dévoile et, en même temps, se dérobe, il ne peut plus être là que dans l'Esprit Saint. C'est pourquoi l'Église Corps du Christ est aussi le Temple du Saint-Esprit. En Christ, l'Église est *l'Église du Saint-Esprit.*

---

3. C'est ainsi qu'on peut traduire le v. 9 du Prologue de saint Jean.

toi qui es partout présent et qui remplis tout

Tout est pénétré par la grâce, tout frémit, vibre, s'éveille dans le Souffle immense de la vie, comme l'arbre dans le vent, l'invisible à grandes brassées, comme la mer « aux mille sourires », comme l'élan qui pousse l'un vers l'autre l'homme et la femme. La langue française moderne a tendance à opposer l'esprit et la matière, ou encore, par un platonisme dégénéré, l'intelligible et le sensible. Mais l'Esprit Saint, *Roua'h* en hébreu, *Pneuma* en grec, *Spiritus* en latin, c'est le Souffle, le Vent qui souffle où il veut et dont on entend la voix (Jn 3, 8) car il porte la Parole et, en elle, le monde, les mondes visibles et invisibles.

Le mot *Roua'h,* dans les langues sémitiques, est tantôt du masculin et tantôt du féminin. Non qu'on puisse appauvrir, « naturaliser », la Trinité en une sorte de schéma familial : Père, Mère, Fils, mais parce que dans les signes confus de notre langage, viril est le feu de l'Esprit, féminin son murmure « à la limite du silence [4] » comme une mère qui berce son enfant en chantant à bouche close. Là peut-être pressentons-nous cette mystérieuse Sagesse qui traverse les derniers livres de l'Ancien Testament et nous rappelle que Dieu est « matriciant » (comme traduit André Chouraqui), *rahamim,* pluriel emphatique de *rehem* qui signifie matrice.

Saint Maxime le Confesseur évoque la présence de

4. 1 R 19, 12.

l'Esprit Saint dans l'existence même du monde, dans les êtres et les choses qui sont autant de *logoï* du *Logos,* de paroles que Dieu nous adresse. Paul, dans sa *Lettre aux Éphésiens* (4, 6), évoque le Dieu qui est au-dessus de tout, à travers tout et en tout. Le Père en effet est le Dieu toujours au-delà, principe de toute réalité. Le Verbe est le Logos qui structure le monde par ses idées-volonté créatrices. Et l'Esprit est véritablement Dieu en tout, qui vivifie et conduit toute chose à son accomplissement dans la beauté. Dieu ailé, désigné par des symboles de mouvement, d'envol, le vent, l'oiseau, le feu, l'eau vive, non pas la terre mais celui qui fait de la terre un sacrement.

trésor des biens, donateur de vie

Le mot « bien », comme le mot « bon » à la fin de cette prière, a un sens ontologique, un sens qui concerne l'être, c'est-à-dire l'amour, car « Dieu est amour », répète saint Jean, et donc l'être rien d'autre que la profondeur et la densité inépuisable de cet amour. L'être, pourrait-on dire, est relationnel, et comme l'en-dedans (et le rayonnement) de la communion. Ainsi, les « biens » dont dispose l'Esprit, dont il est le « trésor », c'est-à-dire le lieu de donation et de diffusion, c'est la grâce, la vie ressuscitée, « la lumière de la vie », dit encore saint Jean. « Le Saint-Esprit devient en nous tout ce que les Écritures disent au sujet du Royaume de Dieu – la perle, le grain de sénevé, le ferment, l'eau, le feu, le pain et breuvage de vie, la chambre nuptiale [5]... »

C'est pourquoi le texte de la prière précise le mot « biens », qui pourrait avoir quelque chose de statique, par le mot « vie ». L'Esprit, comme dit le Credo de Nicée-Constantinople, est « donateur de vie ». Vie, il semble que ce soit le mot clé quand on parle de l'Esprit. Certes, en grec, on trouve deux termes distincts : *bios*, pour désigner la vie biologique, et *zoè* pour désigner la vie spirituelle, à la limite, ou plutôt comme fondement et accomplissement, la vie ressuscitée en Christ. Mais sans doute ici ne faut-il pas distinguer, sinon des degrés croissants d'intensité. Tout ce qui est vivant est animé par le Souffle divin. Ainsi de ces structures invisibles, toujours en action, qui font que l'universelle tendance à la désagrégation, au chaos, à l'entropie, se trouve retournée en réintégration, en complexité de plus en plus subtile, de sorte que sans cesse la vie naît de la mort, figure élémentaire de la Croix, de la mort-résurrection. Un grand physicien a pu dire que le monde ruisselle d'intelligence ! L'Esprit est présent et actif dans tout ce qui est vivant, de la cellule à l'union mystique, en passant par ce grand mouvement de l'*éros* qui marque, intensifie toute existence et, par l'homme, la tend vers la grâce, vers l'*agapè*.

Pourtant, si l'on peut dire que toute vie, dans le monde, est portée par l'Esprit, par son énergie longtemps et souvent encore anonyme – ce que saint Irénée

---

5. S. Syméon le Nouveau Théologien, *Sermon 90*.

de Lyon, au IIe siècle, nommait l'*afflatus* [6] –, cette vie est toujours liée à la mort. Mais depuis que le Christ est ressuscité, la source personnelle de l'*afflatus,* le *Spiritus* (pour reprendre le vocabulaire d'Irénée), est désormais dévoilée. Ou plutôt dévoilée-voilée, ce qui pourrait être une définition du sacrement, sinon ce serait déjà la Parousie. Or le *Spiritus* communique, à partir du calice eucharistique, une vie pure, une vie qui assume et comme retourne la mort : de sorte que tant de morts partielles, stigmates inévitables de nos existences, et finalement notre mort biologique, sont désormais des pâques, des *passages* initiatiques : on l'a dit, le voile peu à peu déchiré de l'amour. La mort, au sens global, à la fois physique et spirituel, est en quelque sorte derrière nous, ensevelie dans les eaux de notre baptême (de désir aussi, ou de larmes, ou de sang – que savons-nous ?). Le fond de notre existence n'est plus la mort mais l'Esprit. Et si nous faisons attention à cette présence, si nous creusons jusqu'à elle, jusqu'à ses grandes nappes de silence, de paix et de lumière, l'angoisse, en nous, se transforme en confiance, les larmes deviennent notre vêtement de noces, le vêtement du gueux – bon ou mauvais, qu'importe, dit l'évangile matthéen –, invité au festin par pure grâce.

L'Esprit est aussi le Dieu caché, le Dieu secret, intérieur, ce dépassement qui s'identifie à la racine même de notre être, ce débordement du cœur qui devient attestation, et nous permet de dire que le Christ est Seigneur et de murmurer en lui, avec lui, *Abba* Père,

---

6. *Contre les hérésies,* IV, 2.1.

un mot de tendresse, de confiance et de respect.
L'Esprit embrase le cœur, dessille en nous l'« œil du
cœur », l'« œil de feu » qui décèle en tout homme
l'image de Dieu et, dans les choses, le « buisson
ardent » du Christ qui vient. « L'œil par lequel je vois
Dieu et l'œil par lequel Dieu me voit sont un seul œil,
le même », disait Maître Eckhart [7], et cet œil unique,
c'est l'Esprit dans le Christ vrai Dieu et vrai homme. La
prison de l'espace-temps se fissure, une respiration
plus profonde s'ouvre en nous avec une joie déchi-
rante, nous « respirons l'Esprit », selon l'admirable
formule de saint Grégoire le Sinaïte [8]. Alors, devenant
peu à peu « séparés de tous et unis à tous [9] », nous
commençons à aimer vraiment, d'un amour qui ne soit
ni de perte ni de conquête.

L'œil du cœur, l'œil ouvert par l'Esprit, devine, pour
parler comme le métropolite Georges Khodr, le Christ
qui dort au secret des religions et, ajouterai-je, au secret
des humanismes et des athéismes providentiellement
révoltés par tant de caricatures de Dieu. L'œil du cœur
voit, non seulement l'Église dans le monde, forme
sociologique si souvent dérisoire, mais le monde dans
l'Église, une Église sans frontières où la communion
des saints s'élargit en communion de tous les grands
vivants, créateurs de vie, de justice et de beauté, de tous
les grands déchirés aussi qui voulurent « en finir avec

7. *Sermon n° 12*.
8. *Petite philocalie de la prière du cœur,* 1re éd., Paris, 1953,
p. 250.
9. Évagre le Pontique, in I. Hausherr, *Les Leçons d'un contemplatif,* Paris, 1960, p. 187.

le jugement de Dieu », comme Antonin Artaud, pressentant peut-être, nous contraignant à pressentir que « la croix est le jugement du jugement [10] ».

Au cœur de cette Église sans limites, de cet « amour sans limites » comme intitulait son plus beau livre « un Moine de l'Église d'Orient », on devine, on célèbre Marie, la Mère de Dieu, celle qui, en acceptant l'Esprit pour enfanter le Verbe, a dénoué la tragédie de la liberté humaine. Car l'Esprit, accueilli par notre liberté, la libère et la féconde ; lui offre un espace infini de création, la pétrit d'éternité. C'est pourquoi l'Église orthodoxe emploie la même expression pour qualifier et l'Esprit et la Vierge : l'Esprit *panhagion,* de toute sainteté, et la Vierge *panhagia...*

viens et fais ta demeure en nous

Viens, dit alors notre prière. L'Esprit, a-t-elle d'abord attesté, est partout présent et remplit tout. Pourtant, maintenant, elle nous fait implorer : Viens. Si nous devons appeler ainsi Celui qui nous appelle, c'est que, de toute évidence, lui qui remplit tout ne nous remplit pas.

Dieu, quand il crée et maintient le monde, d'une certaine manière se retire pour donner à ses créatures leur consistance propre. Et cet *espacement,* comme

10. S. Maxime le Confesseur, *Questions à Thalassius,* 43.

disent les Pères, s'inscrit dans la liberté de l'homme – et de l'ange : celui-ci donne au refus de l'homme, à l'exil volontaire du « fils prodigue », une portée cosmique, de sorte que la beauté du monde, originellement de célébration, devient magique, nostalgique, lourde de tristesse, glissant vers un engourdissement désespéré. De sorte aussi que la splendeur de l'*éros* peut devenir une rage de possession, une drogue, dans l'ignorance et la destruction de l'autre. L'Esprit qui nous porte, nous donne vie, nous entoure comme une atmosphère prête à pénétrer par la moindre faille de l'âme, ne peut le faire sans notre consentement, sans notre appel. Il nous faut prier : Viens.

« Viens, Personne inconnaissable ; Viens, joie incessante, Viens, lumière sans déclin... Viens, résurrection des morts... Viens, toi qui toujours restes immuable et qui, à toute heure, te meus et viens vers nous, couchés dans l'enfer... Viens, mon souffle et ma vie [11]. » Telle est bien la part de l'homme, et la demande se précise.

Le monde a sa demeure dans l'Esprit. Cet univers que nous pouvons sonder jusqu'à des milliards d'années-lumière, saint Benoît de Nursie l'a vu soudain comme un grain de poussière dans un rayon de la lumière divine. Le saint pape Grégoire le Grand rapporta cette vision dans ses *Dialogues* et saint Grégoire Palamas comprenait ce rayon comme les énergies divines qui rayonnent à travers l'Esprit Saint.

---

11. S. Syméon le Nouveau Théologien, Préface des *Hymnes de l'amour divin.*

La création n'existe que parce que Dieu la veut, l'aime, la sauvegarde, mais en même temps il est exclu par l'homme du cœur de cette création – car ce cœur est l'homme lui-même. On peut donc avancer que si la création a sa demeure en Dieu, Dieu ne peut avoir sa demeure en elle, car l'homme détient comme un pouvoir des clés inversé, luciférien : il peut fermer à Dieu l'univers. Ainsi viennent les forces du néant, paradoxalement substantialisé.

Marie a rendu à Dieu, « ce roi sans cité [12] », une cité, une demeure. Elle lui a permis de s'incarner au cœur même de sa création, comme pour la re-créer. « Dieu a créé le monde pour trouver une mère », disait Nicolas Cabasilas. L'humanité accueille son Dieu par la liberté, dans le sein de Marie. Jésus n'a pas une pierre où poser sa tête, sinon dans l'amour « marial » de ceux qui l'accueillent. L'Esprit, qui est, de toute éternité, la demeure du Fils, peut faire de chacun de nous la demeure du Fils incarné. A une condition fondamentale, que l'homme prie : *viens et fais ta demeure en nous, purifie-nous de toute souillure.*

purifie-nous de toute souillure

Oh, il suffit sans doute d'une étincelle de joie mêlée de gratitude, il suffit sans doute, devant le mur d'Hip-

12. S. Nicolas Cabasilas, dans ses *Homélies mariales.*

polyte [13] ou de Sartre, d'un soupir d'angoisse où s'effondre la suffisance, d'un recul devant l'horreur – non, je ne veux pas être complice –, d'un regard d'enfant dont l'innocence étonnée me démasque, d'un moment de paix où le cœur s'éveille : seulement des visages, et la face cachée de la terre, la terre-ange [14], la terre céleste, la terre sacrement que j'évoquais tout à l'heure à propos de l'extase, à la fois céleste et tellurique, d'un Aliocha Karamazov.

S'il y a une Béatitude qu'aiment particulièrement les spirituels de l'Orient chrétien, c'est : « Bienheureux les cœurs purs car ils verront Dieu. » Cette Béatitude n'est pas de l'ordre de la morale comme on l'interprète trop souvent. Il s'agit de l'ouverture et de la limpidité de l'« œil du cœur » : miroir souillé, qu'il importe de nettoyer et de polir, source ensevelie sous une vie effondrée, et qu'il faut dégager pour que vienne l'eau vive.

Le cœur, ce centre le plus central où le tout de l'homme – l'intelligence, l'ardeur, le désir –, est appelé à se rassembler pour se dépasser en Dieu, le cœur doit être purifié non seulement des « mauvaises pensées », obsession culpabilisante, mais de toute pensée. Alors, immergée dans sa propre lumière, qui ne peut être qu'une transparence, *la conscience de la conscience* devient « point nul », pur accueil, une coupe offerte, l'humble calice où peut descendre, pour nous recréer, Pentecôte intériorisée, le feu de l'Esprit.

13. Dans *L'Idiot,* de Dostoïevski.
14. Cf. Henry Corbin, « La terre est un ange », in *Terre céleste et corps de résurrection,* Paris, 1960, p. 23 s.

Ce thème de la souillure – de la corruption, disent les ascètes – nous renvoie aux textes les plus fondamentaux de l'Évangile, à la révolution évangélique qui libère l'homme de la mécanique infiniment complexe et codifiée du sacré et du profane, du pur et de l'impur. Ce qui souille l'homme, dit Jésus, ce n'est pas d'oublier de se laver rituellement les mains, ce n'est pas ce qui entre dans sa bouche selon une diététique du permis et du défendu. Saint Augustin a été manichéen pendant plusieurs années, on lui avait communiqué toute une gnose pour distinguer le lumineux et le ténébreux – ténèbre du jambon par exemple et lumière du melon ! Et aujourd'hui, plus nous sommes gavés, plus nous cherchons des distinctions analogues, le sacré étant constitué par la sveltesse du corps que l'on veut toujours jeune !

Mais, dit Jésus, ce qui souille c'est ce qui sort de la bouche de l'homme, venant de son cœur : les *dialogismoï,* le jeu aveugle de la peur, de la haine, de la *libido* narcissique, l'orgueil, l'avidité, la « folie ». Ces suggestions affleurent dans le cœur, venant des abîmes de l'inconscient – personnel, mais aussi collectif, selon les hypnoses de la politique –, et il faut savoir les jeter au feu de l'Esprit, pour qu'elles se consument ou se transfigurent... C'est ainsi qu'on peut tuer la souillure, la corruption, dans sa racine. Laquelle n'est autre que la mort et ses masques innombrables. La souillure apparaît alors comme tout ce qui isole ou confond, bloque et dévie les forces de la vie, empêche l'homme de comprendre qu'il a besoin d'être sauvé, sinon il va mourir et il n'y aura que le néant ou les cauchemars du néant. Tout ce qui empêche les hommes de comprendre qu'ils forment un unique Adam, membres du même Corps, membres les uns des autres. Et nous ne pouvons par nous-mêmes nous laver de toute cette suie. C'est pourquoi nous implorons l'Esprit : *Viens et purifie-nous de toute souillure.*

La meilleure psychanalyse ne peut – et certes c'est beaucoup – que nous rendre lucides sur les jeux et les enjeux en nous du désir et de la mort, elle permet de possibles déplacements qui nous soulagent, comme on fait glisser un fardeau d'une épaule sur l'autre. Mais sans véritable libération. Freud tenait Helmholtz pour son dieu parce qu'il avait découvert la loi de la conservation de l'énergie. Cette énergie – ici vitale, psychique – déplacée mais toujours conservée, seule la venue de la grâce, la venue de l'Esprit peut la pacifier et la métamorphoser dans la joie pascale. Le couvercle de mort est brisé. Ou : cette fois, on ne se contente pas de changer les meubles de place, on ouvre les fenêtres et le Vent de l'Ailleurs entre et purifie l'atmosphère.

Oui, implorer l'Esprit *de profundis,* des entrailles de la terre, par une ascèse d'abandon, une ascèse de confiance et d'humilité.

et sauve nos âmes

Sauver – c'est-à-dire rendre sauf, rendre sain (saint) –, c'est donc libérer de la mort et de l'enfer, de cette « vie morte » que nous confondons si souvent avec la vie, du meurtre de l'autre et du meurtre de soi, sans doute du meurtre de Dieu. L'homme est créé du néant et, s'il se laisse posséder par la peur et par la fuite désespérée ou paroxystique devant cette peur, il va à l'illusion, à ses rêves, ou à la lucidité sans issue qui dévoile l'amour offensé.

Le Christ « descend » dans l'enfer et dans la mort, dans les ravins nocturnes où l'être s'exténue, pour en arracher chacun et l'humanité tout entière. Le Christ fait de toutes les blessures de nos âmes, les identifiant aux siennes, autant de sources de lumière – la « lumière de la vie », la lumière du Saint-Esprit. Le Christ transforme à Cana toutes nos sèves en vin qu'embrase le feu de l'Esprit. Il donne la terre des vivants à ceux qui n'enterrent pas leurs « talents » mais les multiplient. Le salut n'est pas seulement un sauvetage mais une vivification.

C'est pourquoi lorsque la prière dit : *Sauve nos âmes*, il ne s'agit pas d'un spiritualisme, d'un salut qui consisterait à libérer l'âme de la prison du corps. L'âme, ici, désigne la personne qui transcende et fait exister tout notre être, qui le rend opaque ou lumineux ; même l'esclavage de l'horreur peut se transformer en blasphème ou en cri de foi, comme le montre l'exemple contrasté des larrons crucifiés à la droite et à la gauche du Christ. On pourrait dire encore que l'âme c'est la vie dans son unité où le visible devient le symbole de l'invisible et l'invisible le sens du visible. On le voit bien dans certains textes évangéliques où l'on ne sait s'il faut traduire par « âme » ou par « vie ».

L'âme sauvée, mêlée au souffle de l'Esprit, pénètre à partir du cœur – « ce corps au plus profond du corps », dit Palamas [15] – toutes nos facultés, tous nos sens, voire l'ambiance humaine et cosmique. Ainsi se prépare, s'anticipe par saturation de vie, – « mon corps se meurt, mais jamais je ne me suis senti aussi vivant » –, la résurrection des morts dans l'unité de l'Adam total et la transfiguration du cosmos : quand l'Esprit Saint, l'Esprit de résurrection, se révélera pleinement, lui l'Inconnu, à travers la communion des visages, des corps devenus visages, de la terre « image de l'image » où les âmes puiseront des corps à la fois fidèles à leur secret originel et renouvelés dans l'Ultime.

sauve nos âmes, toi

La prière culmine à ce « toi » qui rappelle que l'Esprit est une « personne » cachée mais bien réelle, que nous entendons parler, que nous voyons agir dans les Actes des apôtres. Une personne, rappelons-le, non au sens psychologique et social qu'a pris ce mot, mais une « hypostase », c'est-à-dire Dieu lui-même se faisant notre souffle, notre profondeur insondable, notre vie. Entre notre appartenance écrasante au monde des

15. Cf. Jean Meyendorff, *Introduction à l'étude de Grégoire Palamas,* Paris, 1959, p. 211.

choses et notre certitude irréductible d'être *autre chose,*
cette lame de feu indestructible – l'Esprit.

Et la conclusion :

toi qui es bon

Il faut revenir sur la résonance ontologique, à la fois
hébraïque et grecque, du mot « bon ». Dans la Genèse,
à la fin de chaque journée symbolique du processus
créateur, on lit : « Et Dieu vit que cela était *tob* », terme
qui signifie à la fois beau et bon. C'est pourquoi dans
la version grecque de la Septante, réalisée à Alexandrie
entre le Ve et le IIe siècle avant notre ère, *tob* est traduit
par *kalon,* qui signifie beau, et non par *agathon,* bon.
Il s'agit de la plénitude de l'être qui, créé et recréé par
le Verbe, animé et accompli par l'Esprit, reflète la vie
divine et, par l'homme, redevenu en Christ créateur
créé, est appelé à s'unir à elle. Vocabulaire d'artisan, ou
de paysan, pour qui le bon, s'il est vraiment bon, ne
peut être que beau. Laissons là nos distinctions d'esthè-
tes : les vieux outils étaient beaux parce qu'ils étaient
utiles.

La bonté-beauté de l'Esprit désigne cette extase de
Dieu dans sa création, cette extase qui fait en même
temps l'unité et la diversité de celle-ci. L'action de
l'Esprit, dit Denys l'Aréopagite, consiste justement
dans cette expansion de l'Uni-Diversité trinitaire dans
le monde où le multiple est devenu guerre, afin de

l'amener, non à quelque résorption dans l'indifférencié, mais à une harmonie d'autant plus vibrante qu'elle naît de l'extrême tension des contraires. Dans l'Esprit, en effet, « ce qui s'oppose s'accorde, dit Héraclite, de ce qui diffère résulte la plus belle harmonie [16]... » Car ce n'est pas seulement l'unité, comme le pense vaguement un spiritualisme gluant, c'est aussi la différence qui provient de Dieu et le nomme. L'Esprit de bonté et de beauté préserve définitivement, dans l'unité du Christ, la figure unique de chaque créature : « Leur être entier sera sauvé et vivra pleinement et à jamais [17]. » L'Esprit, disait Serge Boulgakov, est l'Hypostase de la Beauté, une beauté où s'exprime *la force de la bonté*.

Ici s'impose le thème de la *déification* : « Dieu s'est fait homme pour que l'homme puisse devenir Dieu », disent les Pères, non pas en évacuant son humanité, mais en lui donnant sa plénitude en Christ, sous les flammes de l'Esprit. Athanase d'Alexandrie précisait : « Dieu s'est fait sarcophore (porteur de la chair) pour que l'homme puisse devenir pneumatophore (porteur de l'Esprit) [18]. » Chez l'homme sanctifié, en effet, pour employer un vocabulaire spatial approximatif mais significatif, l'âme, pénétrée par le Souffle, n'est plus dans le corps, c'est le corps qui est dans l'âme et, par elle, dans l'Esprit. La boue originelle est devenue « corps spirituel », corps de Souffle.

La bonté de l'Esprit ne se manifeste pas seulement

16. Fragment 8.
17. S. Denys l'Aréopagite, *Noms divins,* VIII, 9.
18. *Sur l'incarnation et contre les ariens.* PG 26, 996.

dans la transfiguration parfois évidente des saints, mais dans tant d'humbles gestes qui refont inlassablement le tissu de l'être que la haine et la cruauté déchirent. L'Esprit est le grand ravaudeur du quotidien : comme ces très vieilles femmes au visage d'argile craquelée, chrysalide qui s'ouvre peu à peu pour laisser s'échapper, au moment de la mort, le corps de Souffle.

La beauté de l'Esprit s'exprime dans la qualité d'un regard qui ne juge pas mais accueille et fait exister. Dans la bouche-oiseau du sourire.

Toi qui es bonté, toi qui es beauté, toi qui es plénitude dans le sacrement de l'instant, viens ! Toi qui es le souffle de mon souffle et « la vie de ma vie », comme disait saint Augustin.

Au cœur de toute action sacramentelle, éminemment de l'eucharistie, prend nécessairement place l'*épiclèse,* cette supplication adressée au Père, source de la divinité, pour qu'il envoie son Esprit Saint « sur nous et sur les dons que voici », le pain et le vin quand il s'agit de l'eucharistie. Afin d'intégrer au corps du Christ l'assemblée comme offrande et l'offrande de l'assemblée.

La prière que je viens maladroitement de commenter est une immence épiclèse, une épiclèse sur l'humanité et le cosmos pour qu'advienne le Royaume dont une très ancienne variante du Notre Père nous dit qu'il n'est autre que le Saint-Esprit.

La prière de saint Ephrem

Seigneur et maître de ma vie,
éloigne de moi l'esprit de paresse, d'abattement,
de domination, de vaines paroles ;
accorde-moi, à moi ton serviteur,
un esprit de chasteté, d'humilité, de patience
    et d'amour ;
oui, Seigneur Roi, donne-moi de voir mes péchés
et de ne pas juger mon frère,
car tu es béni dans les siècles des siècles, amen.

Cette prière, due à saint Ephrem le Syrien (306 env.-373), ponctue les offices de Carême. On la répète trois fois, en faisant trois grandes « métanies » qui sont des prosternations front contre terre. Métanie (*métanoïa*) désigne justement la pénitence comme retournement de toute notre saisie du réel.

Seigneur et maître de ma vie

« Seigneur » suggère le mystère inaccessible du « Dieu au-delà de Dieu », *hyperthéos*. Ce Dieu pourtant ne m'est pas étranger, il me fait exister par sa volonté, il anime ma boue de son Souffle, il m'appelle et sollicite ma réponse, il devient par son incarnation le « maître de ma vie ». C'est lui qui donne sens à ma vie, même et surtout quand ce sens m'échappe. « Maître » ici, tout en soulignant la transcendance, ne signifie pas tyran mais Père sacrificiel et libérateur qui veut m'adopter dans son Fils et respecte infiniment ma liberté. Son Fils incarné, en qui il est entièrement présent, naît dans une étable, se laisse assassiner par notre liberté cruelle, ressuscite mais ne se révèle qu'à ceux qui l'aiment. Or ce « maître » crucifié reste le Maître de la Vie. Lui seul peut libérer notre liberté, lui seul peut transfigurer dans son Souffle vivifiant l'obscure passion de nos vies. La grandeur de ce Roi est de se faire notre serviteur. « Je suis parmi vous comme celui qui sert. »

Ma relation à ce Maître n'est donc pas de servitude mais de libre confiance. Il est le « maître de ma vie » parce qu'il en est la source, parce que je ne cesse de la recevoir de lui, parce qu'il est celui qui donne et qui par-donne, c'est-à-dire donne encore, en surabondance, un avenir renouvelé : « Va, et ne pèche plus. » Je n'existe que par cet amour infiniment discret qui m'élève au-delà de tout conditionnement, de toute nécessité, qui se fait serviteur pour que ceux qui se veulent ses serviteurs deviennent ses amis. L'ascèse que le Carême accentue ne peut être de libération vraie que dans le mouvement de la foi. Et la foi, c'est d'abord le risque de la confiance. En toi, maître de la vie qui se révèle dans un Visage, je mets toute ma confiance. En

Théophane le Grec : la Transfiguration. Le Christ transfiguré entre Moïse et Élie ; prosternés, les apôtres Pierre, Jean et Jacques. Galerie Tretiakov, Moscou.

ta parole, en ta présence car tu n'es pas seulement un
exemple, tu es le non-séparé qui te fais notre lieu, un
lieu de non-mort : « Venez à moi, vous tous qui êtes
chargés et fatigués et je vous donnerai du repos. » Se
reposer, se poser doublement, dans le divin et dans
l'humain. Un lieu, pour nous orphelins de la terre
natale, des sages coutumes, des civilisations certes
âpres et dures mais de silence et de lenteur, pour nous
nomades sans poésie des mégapoles, tu es le lieu de la
vie, son maître. En ce lieu, nous creuserons les cata-
combes d'où germeront les cathédrales de l'avenir.

éloigne de moi l'esprit de paresse, d'abattement, de domination, de vaines paroles

Il y a un chemin. Tu es le chemin. Mais sur ce
chemin des obstacles. Qui définissent notre condition
fondamentale de péché, celle que Jésus a rappelée à
ceux qui voulaient lapider la femme adultère.

La « paresse » n'est pas la clinophilie d'Oblomov,
voire de nos matins de vacances. La paresse signifie
l'oubli, dont les ascètes disent qu'il est le « géant du
péché ». L'oubli, c'est-à-dire l'incapacité à s'étonner et
à s'émerveiller, à voir. Le non-éveil, une espèce de
somnambulisme, celui de l'agitation comme celui de
l'inertie. Pas d'autre critère que l'utilité, la rentabilité,
le rapport qualité-prix. Le bruit intérieur et extérieur,
pour les uns l'agenda trop rempli où chaque moment

engrène sur un autre, pour d'autres l'agenda trop vide, la violence et les drogues molles ou dures. Ne plus savoir que l'autre existe aussi intérieurement que moi-même, ne jamais s'arrêter pour rien, dans le saisissement d'une musique ou d'une rose, ne plus rendre grâce – puisque tout m'est dû. Ignorer que tout s'enracine dans le mystère et que le mystère m'habite. Oublier Dieu et la création de Dieu. Ne plus savoir s'accepter comme une créature au destin infini. Oublier la mort et le sens possible au-delà d'elle : une névrose spirituelle qui n'a rien à voir avec la sexualité – laquelle devient alors moyen de l'oubli – mais avec le refoulement de la « lumière de la vie » qui donne sens à l'autre, au moindre grain de poussière, à moi-même.

Cet oubli, devenu collectif, ouvre les chemins de l'horreur. Nous nous disons alors que Dieu n'existe pas, la névrose s'accentue, les anges pervers du néant envahissent la scène de l'histoire. Seigneur et maître de ma vie, éveille-moi.

Cette « paresse », cette anesthésie de tout l'être, insensibilité, fermeture du cœur profond, exaspération du sexe et de l'intellect, conduit à l'« abattement », à ce que les ascètes nomment l'« acédie » – dégoût de vivre, désespérance. A quoi bon rien ? fascination du suicide, universelle dérision. Je suis revenu de tout, tout m'est égal, me voici cynique ou engourdi. Très vieux, et sans esprit d'enfance.

On peut aussi prendre ses jambes à son cou, fuir dans l'esprit de « domination » et celui des « vaines paroles ». On a besoin d'esclaves et d'ennemis, on les invente, on peut même les sacraliser comme l'a montré

René Girard. Dominer, c'est se sentir dieu, avoir des ennemis, c'est les rendre responsables de son angoisse. Torturer l'autre – puisque c'est toujours sa faute –, violer son corps et peut-être violer son âme, le tenir à merci, à la limite de l'anéantissement, mais sans le laisser échapper dans la mort –, c'est faire l'expérience d'une sorte de toute-puissance, quasi divine. En lui, je me hais mortel. Le piétinant, je piétine ma propre mort. Nous avons connu les rois-dieux et les tyrans divinisés. Tout exercice de la puissance s'auréole d'une sacralité à laquelle les natures « fémellines », comme disait Proudhon, sont particulièrement sensibles.

C'est pourquoi les premiers chrétiens, au prix de leur vie, refusaient de dire que César est Seigneur. Seul Dieu est Seigneur. D'autres chrétiens, en notre siècle, ont refusé d'adorer la race, ou la classe, et payé le prix. En rappelant qu'il faut rendre à Dieu ce qui est à Dieu et à César ce qui est à César, le Christ a exorcisé la sacralité de la domination. Pendant des siècles, les chrétiens ne l'ont pas toujours fait. Ils ont sanctifié un empereur qui avait tué son fils et sa femme, parce qu'ils croyaient qu'il avait mis la domination au service de Dieu. Espérance, parfois réalisée, d'une puissance qui devient service. Coûteuse illusion le plus souvent.

Et l'Église même : combien contaminée par l'esprit de domination ?

Quant aux « vaines paroles », – l'expression est évangélique –, elles désignent tout exercice de la pensée et de l'imagination qui se retranche du silence, de l'émerveillement et de l'angoisse d'être, du mystère. Elles concernent toute approche de l'homme qui prétend l'expliquer, le réduire, en ignorant en lui l'inexplicable et l'irréductible. Toute approche de la création qui méprise ses rythmes et sa beauté. Saisie et non saisissement. Fantasmes d'un art qui ne veut plus être nuptial.

Nous sommes dans une civilisation de « vaines paroles », de vaines images, où les besoins, hypertrophiés, piratent le désir, où l'argent pétrit les rêves, où la publicité devient l'inverse de l'ascèse, cette réduction volontaire des besoins pour le partage et la libération du désir. Pour autant en attente d'une parole de vie, pesant son poids de silence et de mort démasquée, une parole de résurrection.

**accorde-moi, à moi ton serviteur,
un esprit de chasteté, d'humilité, de patience
et d'amour**

A chaque demande, nous nous reconnaissons « serviteurs », créatures recréées par un Souffle qui monte du plus profond de nous. La prière n'est pas une simple méditation ; elle est rencontre, mise en relation, « conversation », disaient les vieux moines. Car Dieu nous parle : par l'Écriture, par les êtres et les choses, par les situations de notre existence, par sa présence aussi : paroles de silence, pleines de douceur, touches de feu dans le cœur (et non bavardage inventé, impudique, illusoire). Seule

pareille prière peut briser le cercle magique de la
philautia, narcissisme métaphysique, esprit de « domination » et de suffisance. Les « vertus » qu'énu-
mère la prière, et qui coexistent pour s'unir, s'enraci-
nent ainsi dans la foi. Dans cette perspective, la
« vertu » n'est pas simplement morale, elle participe
à l'humanité du Christ, humanité déifiée où les
virtualités de l'humain sont pleinement réalisées par
l'union avec les Noms divins qu'elles reflètent.

La « chasteté » est loin de ne désigner que la
continence, comme le voudrait une acception moralisatrice et rétrécie. Elle évoque bien plutôt intégration
et intégralité. L'homme chaste n'est plus disloqué,
emporté comme un fétu par les vagues d'un *éros*
impersonnel. Il intègre l'*éros* dans la communion, la
force de la vie dans une existence personnelle en
relation. Le moine, pour qui, en effet, chasteté signifie
continence (mais toute continence n'est pas chaste),
consume son *éros* dans l'*agapé,* dans la rencontre du
Dieu vivant, infiniment personnel, dans l'admiration
inépuisable – douleur puis émerveillement – pour le
Crucifié vainqueur de la mort. Alors il peut rencontrer les autres avec une attention désintéressée, vieil-
lard-enfant, « beau vieillard » entraîné dans la non-
séparation christique.

La chasteté, pour l'homme et la femme qui s'aiment
d'un noble et fidèle amour, c'est, en Christ uni à son
Église, en Dieu épousant l'humanité et la terre, à la
lumière de l'uni-diversité trinitaire, la transformation,
– agapique elle aussi – de l'*éros* en langage d'une
rencontre, en expression des personnes dans la ten-

dresse d'une patiente et réciproque découverte. Et l'enfant, petit hôte inconnu, ou tel hôte inattendu ou trop connu, surgissent toujours à temps pour empêcher la passion de se clore sur elle-même dans une parodie d'absolu.

Chaste est une pensée, une parole, une expression que traverse, en toute franchise et réalisme (petit moine, ne baisse pas sottement les yeux devant les dames) cette pureté fondamentale, ce respect des corps, ce rassemblement de la vie dans un mystère qui la pacifie et l'unifie. La Bible vomit l'extase impersonnelle de la prostitution sacrée, elle met l'accent sur le « Cantique des cantiques » d'une rencontre cherchée, perdue, retrouvée, car Dieu est le « toujours cherché », disait saint Grégoire de Nysse, et sur une humble fidélité, car Dieu est le toujours Fidèle.

L'« humilité » inscrit la foi dans l'existence quotidienne. Je n'ai rien qui ne me soit donné. Précaire, si souvent sur le point de se rompre, le fil de mon existence n'est maintenu, renoué, que par l'étrange volonté d'un Autre. L'humilité « est un don de Dieu lui-même et un don venant de lui », dit saint Jean Climaque, « car il est dit : apprenez, non d'un ange ni d'un homme, mais de moi – de moi demeurant en vous, de mon illumination et de mon opération en vous – que je suis doux et humble de cœur, de pensées et d'esprit, et vous trouverez pour vos âmes l'apaisement des combats et le soulagement des pensées [1] ». Humble est le publicain de la parabole,

1. *L'Échelle sainte*, 25ᵉ degré, 3.

qui ne saurait prétendre à la vertu, lui, le « collabora-
teur » méprisé, et ne compte que sur la miséricorde de
Dieu, tandis que le pharisien, trop parfait, n'a certes
pas besoin de Sauveur. L'homme parfait, sûr de lui,
orgueilleux de sa vertu, il n'y a pas de place pour lui
et pour Dieu dans le monde : il occupe tout.
L'homme humble, au contraire, fait place. Il s'ouvre
à la gratuité du salut, il l'accueille avec gratitude en
revêtant son cœur d'un habit de fête.

Humilité-*humus :* non écrasement mais fécondité.
L'humilité est active, elle laboure la terre, la prépare,
pour qu'elle rapporte cent pour un quand sera passé le
Semeur.

L'humilité est une vertu qu'on voit chez l'autre, mais
qu'on ne peut voir chez soi. Celui qui dirait : je suis
humble, serait un pauvre vaniteux. Humble, on le
devient sans le chercher, par l'obéissance, le détachement, le respect du mystère en sa gratuité, l'ouverture,
donc, à la grâce. Par la « crainte de Dieu » surtout, qui
n'est pas la terreur de l'esclave devant un maître qui
châtie, mais l'épouvante, soudain, de perdre sa vie dans
l'illusion, dans l'ubuesque ventripotence du moi, dans
la boursouflure de néant des « passions ». La « crainte
de Dieu » nous rend humbles, elle nous délivre de la
crainte du monde – je suis libre parce que je n'ai plus
rien, dit un personnage du *Premier Cercle* de Soljenitsyne –, elle se transforme peu à peu en cette crainte
émerveillée que donne tout grand amour. L'humilité
s'exprime dans la capacité d'attention : à l'autre, aux
veines du bois, au scorpion sur la marche de l'escalier,
voire à ce nuage éphémère, un instant si beau. L'humi-

lité permet l'éveil, la capacité de « voir les secrets de la gloire de Dieu cachés dans les êtres [2]... »

L'humilité est le fondement et le résultat des « vertus », l'un et l'autre invisibles à nos propres yeux. C'est une sensibilité de tout l'être à la résurrection.

Si nous ne pouvons rien savoir de l'insaisissable humilité, nous pouvons beaucoup apprendre de la « patience » dans les humiliations. Ce que nous cherchons dans l'abstinence, vous le trouverez dans la patience devant les inévitables vicissitudes, voire tragédies, de l'existence, disent les moines à ceux qui restent dans le monde. La patience est en effet un monachisme intériorisé. Donc le contraire de l'abattement qui, si souvent, provient du désir, comme adolescent, d'avoir tout, et tout de suite (la patience a conduit Thérèse de Lisieux à transfigurer cette impatience en exigence de sainteté). La patience fait confiance au temps. Non pas seulement le temps ordinaire où la mort a le dernier mot, le temps qui use, sépare et détruit, mais le temps mêlé d'éternité que nous offre la Résurrection. Le temps qui va à la mort est celui de l'angoisse ; le temps qui va à la résurrection, celui de l'espérance. Ainsi la patience est attentive aux maturations, parfois paradoxales comme celle du grain qui meurt pour porter beaucoup de fruit. Elle sait, en effet, que les expériences de mort peuvent devenir des étapes, de quasi initiatiques ruptures de niveau, si elles nous jettent au pied de la croix vivifiante et font refluer en nous l'eau vive du

2. Saint Isaac le Syrien, *Traités ascétiques,* 72ᵉ traité.

baptême. Quand Dieu semble se retirer, quand le regard de l'autre me pétrifie ou se pétrifie dans la mort, quand s'effondrent les espoirs personnels et collectifs, la patience fait confiance. En quoi elle s'apparente à la charité dont saint Paul nous dit qu'« elle excuse tout, croit tout, espère tout, supporte tout » (1 Co 13, 7).

Les Pères ont souvent évoqué la « patience de Job », Dostoïevski et Berdiaev ont évoqué aussi sa révolte. Mais c'est une révolte non dans le vide mais dans une sorte de foi. Job refuse les aimables théodicées des théologiens en chambre, mais il sait que Quelqu'un le cherche à travers l'expérience même du mal.

« Patience dans l'azur » ou patience dans les ténèbres, le poète [3] a raison :

« Chaque atome de silence
Est la chance
D'un fruit mûr. »

Et tout culmine en effet dans l'« amour » qui constitue la synthèse de toutes les « vertus » dont l'essence est le Christ. Se libérer, par la patience et l'espérance, des « passions » impatientes et désespérées, permet d'acquérir peu à peu l'*apathéia,* qui n'est pas l'impassibilité stoïcienne mais la liberté intérieure et la participation à l'« amour fou » de Dieu pour ses créatures. Syméon le Nouveau Théologien disait de l'homme qui se sanctifie qu'il devient « un pauvre rempli d'amour

---

3. Paul Valéry.

fraternel[4] ». Pauvre, parce qu'il se dépouille de ses rôles, de son importance sociale (ou ecclésiastique), de ses personnages névrotiques, parce qu'il ouvre simultanément à Dieu et à l'autre, ne séparant pas prière et service. Il peut alors discerner la personne d'autrui sous tant de masques, de laideur, de péchés, comme le fait Jésus dans les évangiles. Et pacifier ceux qui se haïssent et voudraient détruire le monde.

La scène du jugement, au 25e chapitre de saint Matthieu, montre que l'exercice de l'amour actif – nourrir, accueillir, vêtir, loger, soigner, libérer – n'a nullement besoin de faire claquer au vent la bannière de Dieu, car l'homme est pour l'homme un sacrement du Christ, « homme-maximum[5] ». Un sacrement secret et concret.

Abba Antoine dit encore : « La vie et la mort dépendent de notre prochain. En effet, si nous gagnons notre frère, nous gagnons Dieu. Mais si nous scandalisons notre frère, nous péchons contre le Christ[6]. »

Et Isaac le Syrien : « Frère, je te recommande ceci : Qu'en toi le poids de la compassion fasse pencher la balance jusqu'à ce que tu sentes dans ton cœur la compassion même que Dieu a pour le monde[7]. »

---

4. Cf. Basile Krivochéine, *Dans la lumière du Christ, saint Syméon le Nouveau Théologien,* chap. 1 : « Un pauvre rempli d'amour fraternel », Éd. de Chèvetogne, 1980, p. 13-25.

5. Nicolas de Cuse, *Sermons,* 49 ; *De pace fidei,* 444 ; *De cribatione Alchorani,* 507.

6. *Apophtegmes,* Antoine, 9.

7. *Traités ascétiques,* 34e traité.

**oui, Seigneur Roi, donne-moi de voir mes péchés
et de ne pas juger mon frère,
car tu es béni dans les siècles des siècles, Amen**

La demande ultime dénonce, démasque une des
formes les plus effrayantes du péché, aussi bien sur le
plan personnel que sur le plan collectif : se justifier en
condamnant, se diviniser en damnant, haïr, mépriser,
disqualifier avec la bonne conscience du juste.

« Voir ses péchés » obéit à l'injonction première de
l'Évangile : « Repentez-vous, car le Royaume de Dieu
est proche. » Quand la lumière en effet se fait proche,
elle débusque en nous les ténèbres. L'homme qui se
découvre ainsi, et dont l'intelligence et le cœur – qui
s'identifient dans la Bible – se retournent, prend la
mesure de sa déviance, de sa perte où il entraîne
d'autres, du néant qui le guette et déjà le pénètre, de
l'abîme sur lequel il a jeté quelques planches dérisoires,
aujourd'hui brisées. Telle est bien la « mémoire de la
mort » dont parlent les ascètes : mise à nu de cette
angoisse fondamentale que nous refoulons, mais qui,
justement, s'exprime dans la haine du frère, dans le
besoin frénétique de le juger, comprenons : de le
condamner. Mais si la « mémoire de la mort » est
traversée non par la dérision mais par la foi, celle-ci
découvre plus profond encore, s'interposant entre
nous et le néant, le Christ vainqueur de l'enfer. En lui,
toute séparation est surmontée : le caractère inaccessible de Dieu, le péché, la mort. Je ne suis pas jugé,
mais sauvé, je n'ai plus à juger mais à sauver.

« Voir ses péchés » ce n'est pas comptabiliser des transgressions, c'est se sentir asphyxié, noyé, perdu, et gesticuler vainement dans cette perte, trahir l'amour, mépriser en ricanant tant on se méprise. C'est étouffer dans les eaux de la mort, afin qu'elles deviennent baptismales. Mourir mais désormais en Christ pour renaître dans son souffle et reprendre pied dans la maison du Père. « Il est plus grand de voir ses péchés que de ressusciter les morts », dit un vieil adage. Car voir ses péchés, c'est passer par la plus dure mort, tandis que, après la renaissance « baptismale », c'est sans y penser qu'on multiplie la vie, puisqu'on est devenu un « pacificateur de l'existence ». Encore qu'il faille « verser le sang de son cœur », disait le starets Silouane du mont Athos, pour ébranler certaines négations, briser la pierre de certains cœurs, pouvoir implorer le salut universel.

Celui qui voit ses péchés et ne juge pas son frère devient capable de l'aimer vraiment. Je me suis suffisamment déçu pour ne plus l'être par quiconque. Je sais que l'homme, à l'image de Dieu, est Secret et Amour, mais que cet amour peut devenir haine. Je respecte le Secret, je n'attends rien en retour. Que vienne l'amour, c'est pure grâce.

Alors, bénir. Tenter de devenir non pas un être de possession – qui possède et qui est possédé –, mais un être de bénéfaction. Réciprocité sans limites de la bénédiction : bénir Dieu qui nous bénit, tout bénir dans sa lumière, sans oublier que la bénédiction, pour ne pas devenir « vaines paroles », doit se faire « bénéfaction ». Oui, *agir* la bénédiction reçue au profond de soi, se soumettre à toute vie pour la faire grandir toute, pour qu'elle devienne bénédiction.

La prière de saint Ephrem suggère bien ce qu'est l'ascèse : jeûner, mais non uniquement de la nourriture du corps, aussi de l'alourdissement de l'âme, afin que nous ne vivions pas seulement de pain (d'images, de bruits, d'excitations) mais de toute parole qui sort de la bouche de Dieu[8]. Jeûner des « passions », du désir de dominer et de condamner. Pour atteindre la vraie liberté dont a su parler saint Jean Climaque : « Sois roi dans ton cœur, règne dans la hauteur de l'humilité, commandant au rire : viens, et il vient ; aux douces larmes : venez, et elles viennent ; et au corps, serviteur et non plus tyran : fais cela, et il le fait[9]. »

8. Mat 4,4.
9. *L'Échelle sainte*, 7e degré, 3.

Table

Achevé d'imprimer le 11 mai 1994
dans les ateliers de Normandie Roto Impression s.a.
61250 Lonrai
pour le compte des Éditions Desclée de Brouwer
N° d'imprimeur : I4-1006
Dépôt légal : mai 1994

Imprimé en France